智元微库
OPEN MIND

成 长 也 是 一 种 美 好

正向养育

家长不焦躁，孩子不厌学

刘玉新 著

人民邮电出版社

北京

图书在版编目（CIP）数据

正向养育：家长不焦躁，孩子不厌学 / 刘玉新著
. -- 北京：人民邮电出版社，2024.6
ISBN 978-7-115-64247-9

Ⅰ. ①正… Ⅱ. ①刘… Ⅲ. ①中小学生－家庭教育
Ⅳ. ①G782

中国国家版本馆CIP数据核字(2024)第077408号

◆ 著 刘玉新
责任编辑 刘艳静
责任印制 周昇亮
◆人民邮电出版社出版发行　　北京市丰台区成寿寺路 11 号
邮编 100164　电子邮件 315@ptpress.com.cn
网址 https://www.ptpress.com.cn
天津千鹤文化传播有限公司印刷
◆ 开本：880×1230　1/32
印张：8.75　　　　　　　　2024 年 6 月第 1 版
字数：200 千字　　　　　　2025 年 3 月天津第 4 次印刷

定　价：69.80 元
读者服务热线：（010）67630125　印装质量热线：（010）81055316
反盗版热线：（010）81055315

自序│育人者需育心

如果你是一名家长，你是否曾在面对孩子的苦恼时无所适从，比孩子更焦虑；是否曾在孩子没有发展方向时孤独烦躁，比孩子更茫然；是否曾对孩子的学习倍感无助，比孩子更犹疑？

如果你是一名教师，你是否曾在面对孩子出现心理困惑时不知该如何化解，心有余而力不足；是否曾在面对孩子的抑郁情绪时不知该如何因势利导，想与孩子谈心却找不到走进孩子心里的路径；是否曾想驱散孩子心里的阴霾却缺少科学的方法？

这些问题的症结都和孩子的心理成长密不可分，也和作为家长或教师的你的心理状况密切相关。

中小学阶段是一个人发展的关键时期，其间每个孩子都会经历从不成熟到逐步成熟的过程。这个过程中不仅色彩斑斓，而且极富情感，使许多人若干年后仍难以忘怀。

小学生会有极丰富的兴趣爱好，有个性特长，但是他们的心理受暗示性强，大多数小学生会遵从他们信任的权威的指导。家长和教师都可能成为这种权威，从而影响小学生的成长。小学生的注意力水平有限，他们在课堂上维持认真听课状态的时间很短，注意力涉及的范围也很窄。而且他们有时候会存在想象力丰富、分不清现实与想象的特征，这让有的家长认为是孩子在说谎，其实是他们心理发展不成熟的表现。

对中学生而言，由于性别、家庭、朋友等诸多因素的不同，他们生理与心理的发育速度也不同。虽然他们成熟的时间有早有晚，但是也会具有很多共性。

例如，身体和心理发育的不平衡性。心理学家公认，家庭生活的富裕会导致孩子晚熟且发展薄弱的心理无法控制其早熟而强壮的身体，使他们经常发生欠思而行甚至不思而行的行为，这就是当今中学生问题行为增多的根本原因。

再例如，每个中学生都会经历社会性成熟推迟。一方面，生活的改善使孩子生理成熟提前；另一方面，家庭经济条件的改善使孩子不用早早地参与家庭经济活动，他们因不了解社会，不了解生活的艰难，社会性成熟推迟。而这些如果同时存在，会导致孩子青春期延长。

想要做好家庭教育，需要**"先驭心，再育心"**。

"驭心"是指"驭己心"，顾名思义，是驾驭自己的内心，对自己进行反思、调整。如果你是一位家长，你应该经常反思：在教育孩子的过程中自己的哪些观点是对的，哪些观点可能是错的；哪些事情做得很好，哪些事情做得令自己非常遗憾。

驭心的目标在于修心，在于能够直面自己的内心，使自己平和而理性。很多家长一味地要求孩子，一味地指责孩子，打着"我都是为你好"的旗号，做着违背孩子生理、心理成长规律的事情。有些父母认为自己对孩子的一切指手画脚是理所应当的，认为这是父母所具有的权利；有些父母直接表明："我是你的家长，你是我的孩子，所以你听我的话天经地义。"凡是具有此种心理的人，都更需要理解"驭己心"的内涵，更需要自我修为、自我觉察，甚至是自我觉醒。

"育心"是指"育人心"，其内涵是"育人先育心"，父母培育孩子的心灵，使孩子具有健全的人格、健康的心态，在潜移默化中帮助孩子实现心理成长。育心可以借助有形的方式来进行，例如提醒、示范、共同学习、产生共鸣，这些都是育心的有效方式。

当然，育心也不必刻意追求形式。家长采用孩子意识不到的培养形式育心，其效果可能更佳。在这一点上，我深有体会。从我孩子上小学开始，每天早上孩子睁开眼睛，我就会用复读机播放学校发下来的英语磁带。我虽然从来没有刻意让他进行英语听力训练，但是小学六年的坚持让他在无形中获得了英语的听说能力。记得孩子在小学高年级学习英语的阅读理解时，他每天做完的阅读理解题，我都会做一遍，第二天和他一起探讨谁的答案更合理。这种家长参与式学习往往能对低年级的孩子产生更好的效果。

先驭心，再育心。家长要先律己再律人，先驭己心再育人心。家长需要有自我省思的空间、自我修为的方法。家长具有健康的心理、平和的心态、自省的思维，对培育孩子大有裨益。

心育有形，育心无痕。家长可以借助某种形式完成对子女的教育工作。不过，如果家长的教育太注重形式，教育的效果会大打折扣。过分说教、刻意制造教育形式，往往会让孩子反感。

育心，需要在不经意间进行，让孩子感受不到说教，而让孩子在愉快的情况下接受我们的观点，例如，为了让孩子读书，家长可以和孩子一起阅读。

如果你让孩子在房间里学习，自己却看着电视、刷着手机，如何让孩子心服口服呢？

如果你指责孩子不好好学习，自己却因娱乐而无心为孩子准备晚餐，如何让孩子安静地去做一件事情呢？

如果你批评孩子做事不认真，自己回到家里却对工作怨声载道，肆意表达着对企业的不满，如何让孩子具有正能量呢？

身教胜过言传。父母做事所持有的观念、所坚持的思维方式，会通过自己的行为与态度表现出来。父母孝顺老人，无须对儿女进行感恩教育；父母有爱心，孩子自然会善良；父母做事严谨，孩子自然态度认真；父母面对孩子的错误暴跳如雷，孩子必然会冲动反击。父母对孩子的影响是潜移默化的，这就是育心无痕。

2022 年，我主持的"中学主体性心理健康教育体系的校本建构"项目获吉林省政府组织的基础教育教学成果一等奖，其核心思想就是强调主体性，强调人的自主、自律、自为。家庭教育中有两个主体，一个是家长，另一个是孩子。家长的主体作用强调的是家长的自我提高、自我修为、主动协作；孩子的主体作用强调的是让孩子解决自己的困扰、自主管理、自律发展。

为什么强调主体性？因为在我们的观念中，教育中很容易产生这样一种观点：认为孩子是被动的一方，是接纳的一方，是承受的一方。我认为，**真正的教育一定是尊重人性的，是尊重孩子身心成长规律的**。最好的教育效果一定是孩子能自主规划、自主实践，并且充满热情，孩子的心灵成长也依靠自主领悟。

作为家长，我们只能促发、提醒，使孩子逐步成为适应社会的人，成为人格健全的个体，成为生活的创造者。作为家长，我们养育孩子的首要目标是培养心理健康的人，然后是培养全面发展的人，最后是培养为社会做贡献的人。

这本书中所有选题都源于孩子、家长和教师的咨询实例，源于家庭教育和学校教育的现实需求。对每个选题提出的解决策略都是科学的、严谨的，不仅基于心理学研究，而且基于我 28 年的一线教学与咨询经历，以及 20 年的学校教学管理经验。这些解决策略经过多年实践检验被证明是有效的。

我写这本书的目的，是针对孩子在成长中可能要面对的问题或困惑，为家长提供直接、科学、实用、有效的指导策略。我希望家长能够用更开阔的视角去看待孩子的学习，不要让目光仅仅聚焦于孩子学习行为本身。

希望家长通过这本书了解到，孩子的人格成长与学习进步是齐头并进的两条线，二者是相辅相成的。有些学业问题与孩子的人格发展密切相关，单纯解决学习问题往往治标不治本。

希望家长能够通过本书形成正向的养育观念，放下焦躁情绪，营造滋养孩子成长的外部环境，提供科学的学习方法，激发孩子的学习动力，培养孩子的学习品质，为孩子的学习提供全方位的保障，从而达到让孩子不厌学、找到学习乐趣、主动学习的目标。

这本书从整体来看是一个家长辅助孩子学习的全方位指导系

统，您可以从头至尾仔细品读，书中的"招法"可以使您逐步成为合格的家长、优秀的家长，使您面对孩子的成长时游刃有余。对于每个话题，您可以根据自己的需求，针对孩子成长的不同阶段以及家庭教育中当下面对的困扰，选择能够帮助您解决问题的部分深入阅读。

期待这本书能够为您和孩子的共同成长提供帮助！

Content | 目录

乐学篇 | 激发孩子的学习动力

好学篇 | 掌握科学的学习方法

环境篇 | 营造滋养型家庭

善学篇 | 让孩子自主、自律、自信

备考篇 | 以开放接纳提升孩子的价值感

后记 | 只有家长改变，孩子才会改变

参考文献

Chapter 1 | 观念篇 |

做温和而坚定的父母

家长带给孩子什么，往往决定了孩子的未来是什么样子的。从心理学上来讲，人的认知风格、学习方式、行为习惯，甚至个性特征，都源于孩子在学龄前受到的来自父母的影响。家长对孩子的教育既是学校的预备课程，又是学校的补充课程，甚至是起决定作用的隐性课程。

01 | 不可替代的家庭教育

一位班主任老师和我说，她又接到了一个孩子家长的电话。每当这个孩子出现问题时，他的家长就会隐性地责备老师，并推脱自己作为家长的责任。"我们把孩子送到这所学校是非常信任老师的，这段时间孩子的学习成绩在下降，行为习惯也不太好，还得麻烦老师多帮助孩子调整一下。我和他妈妈工作特别忙，没有时间管他，都拜托老师了！"

很多老师都会遇到这种情况。有些家长把孩子送进学校后就认为万事大吉了，提升孩子的成绩与品格等都是学校的责任，与家长没有多大的关系；一旦孩子出现问题，这些家长就会向学校兴师问罪。

从心理学上来讲，无论多好的学校教育都无法代替家庭教育。

首先，孩子成长过程中，很多能力发展的关键期都是在学龄前，这是学校无法参与的。例如智力发展的关键期在 3 岁之前，大家尤其关注的语言能力和数字感知能力发展的关键期都是 3 岁左右。也就是说，孩子将来能不能学好语文学科和数学学科，与这个阶段的培养与开发密切相关。父母如果能够了解科学知识，就能给予孩子充足的外界刺激，比如多陪孩子说话，为孩子讲故事，和孩子一起了解数字的意义，玩积木，做运动，等等。家长陪孩子做的事情越多，孩子的大脑发育越好。而且在孩子智力发展的关键期，家长多陪伴孩子，不仅能使孩子智力得到更好的发展，还会让孩子获得必要的安全感。

记得在我孩子三岁之前，我特意买了无数根铅笔，每天与孩子玩自主设计的与铅笔相关的各种游戏，例如我和孩子按着口令"一二三"同时趴在铅笔堆上，比一比谁身下的铅笔更多一些。孩子乐此不疲地通过游戏理解数字的含义，理解数与数之间的关系，比较着数字的大小。他后来上大学选专业时义无反顾地选择数学系与这有很大的关系。

其次，孩子的价值体系的形成源于家庭。

价值体系就是所谓的"三观"，即世界观、人生观、价值观。网上一个对三观的通俗解读："人生观是人这一辈子应该怎么活，价值观是人这一辈子什么才是最珍贵的，世界观是这个世界是什么样的。"这就是一个人的价值体系。这个价值体系主要来源于家庭。如果家庭内部充斥着负能量，孩子看这个世界时就会觉得它是灰蒙蒙的，没有阳光，看不到未来；如果家长将欲望、私利与金钱看得特别重，孩子在心中也不会珍视亲情、友情，更不会去助人、重视集体利益；如果家长经常与孩子不说真话，认为孩子小，什么也不懂，随口说的话转头就忘，孩子就不会成为一个诚实友善的人。

再次，孩子的性格形成与发展主要由家庭因素决定。

孩子性格的形成受多方面因素的影响。其中有遗传因素的影响，但更多的是受后天环境的影响。这个环境包括家庭、学校等，其中家庭环境的影响最大。孩子在幼儿期主要与家人接触，因此家庭教育的方式决定着孩子的性格特点。家长过于严厉，孩子就会胆小怕事，缺乏探索精神；家长过于溺爱，孩子就会很自我，做事不计后果；家庭内父母或主要陪伴者之间观点相左、行为相反，孩子的性格中就会有纠结、矛盾、犹豫不决、不敢决断等特征。总之，孩子长大后的性格更多受家庭教育的影响。

最后，家庭教育可以影响孩子习惯的形成。

一个孩子的生活习惯是在家庭教育中培养的，其思维习惯、做事习惯也和家庭教育密不可分。一个孩子是否愿意动脑、动手，是由家长培育出来的；一个孩子是否勇于探索，是否具有创新的意识与习惯，也是家长引导的结果；一个孩子能否站在他人的视角看问题、理解他人的感受、懂得感恩，家长的作用至关重要。生活习惯是在家庭教育中一点一滴形成的，思维习惯、主动探索的精神可以让孩子终身受益。

站在为孩子一生发展负责的高度来看，家庭教育与学校教育同样重要，甚至比学校教育更重要。孩子将来能否适应社会，能否与人融洽相处，能否独立生活与独立思考，能否受到别人的尊重并尊重别人，能否恰当应对各种挫折与困难，这些都是父母在家庭教育中需要考虑的。

孩子的教育犹如冰山，能够看到的是学校教育的结果，但真正支撑冰山的是冰面以下的部分，这部分就是家庭教育。家庭教育的社会职责只能由家长来担负。因此家长任重而道远！

02 | 坚持刺猬理念

> 一位家长曾经在我的公众号后台留言："我会认真地参加学校开设的家校课程，经常翻阅家庭教育的相关图书，有时候我会认为每一篇家庭教育的文章自己似乎都懂了，但回到教育孩子的情境中，好像又没什么改变：教育孩子时依然情绪激动，做事还是容易情绪化，自己开心的时候就鼓励一下孩子，不开心的时候会不分青红皂白地批评孩子，事情发生之后我也很后悔……"

很多家长都有和这位家长一样的经历与困惑。孩子的成长是一个长期的工程，不是一两件事情就能够影响的。作为父母，我们只要坚持做正确的事情，孩子就会越来越优秀。

用两句话可以对家庭教育进行形象描述。

第一句话：孩子的优秀与问题的背后都有家庭教育的影子。

第二句话：孩子会出现问题，不是孩子一个人出了问题，而是亲子关系出了问题。

家长必须深刻地认识到，只有家长发生了变化，孩子才会给家长带来惊喜。因此，家长在孩子成长中所做的努力不能是心血来潮。很多能解决孩子问题的方法发生作用的前提，是家长转变观念后能够坚持采取正确的行动。有些家长要问，要坚持多久呢？答案是，要坚持采取这种正确的行为直到效果稳固。这就是我所倡导的：家庭教育要坚持刺猬理念。

刺猬理念是一个源于管理学的概念。吉姆·柯林斯的《从优秀到卓越》中提到两个概念，一个是刺猬理念，另一个是狐狸理念。

这本书提到了古希腊的一则寓言：狐狸是一种狡猾的动物，为了对付刺猬，它可以想出无数种复杂的方式向刺猬进攻，而刺猬每次遇到狐狸的进攻时，总是使用一招，从不改变，即遇到攻击后，以最快的速度蜷缩成一个圆球，立起浑身的尖刺以保护自己的身体，让狐狸根本无从下口，无可奈何。

狐狸看到刺猬总使用一个招数，打心眼里瞧不起刺猬。有一天，狐狸假装热情地和刺猬攀谈，让刺猬放松警惕，然后突然将刺猬掀翻，向刺猬最柔软的腹部咬去，但是只听"嗷——"一声惨叫，狐狸满嘴是血地逃走了。面对狐狸的袭击，刺猬还只是本能地做了一个防御——蜷缩身体。因为这个动作它做得太熟练、太准确了，已经到了随心所欲的程度，所以刺猬的防御速度还是比狐狸的攻击速度快了一些。

英国思想家以赛亚·伯林从这个故事出发，将动物生存的理念分成两类：狐狸理念和刺猬理念。狐狸理念是指灵活、善变，目标多元。狐狸理念的优点在于灵活机动，缺点在于目标过多、过杂，做事容易不精，甚至一无所成。刺猬理念是指目标明确且简单，做事有坚持性，始终如一。因此，尽管在寓言故事中，刺猬和狐狸的战斗每天都以某种形式发生，但是刺猬却屡战屡胜。

用刺猬理念来指导家庭教育就是，家长需要目标明确，坚持把一件事情做好并长久地坚持。如果说在心理学中有一个通用的公式能够解决孩子遇到的问题，那就是坚持正确地爱孩子，让孩子随时随地能够感知到来自家长的爱；这种爱不是溺爱，不是无原则的爱。

这种爱如何表达？

无论孩子在哪里，无论孩子面对成功还是失败，无论孩子面临顺境还是逆境，都要让孩子感知到这种爱。

这种爱的操作方式就是将孩子的心理感受放在第一位。有些家长自我感觉对孩子特别好，但是孩子却体会不到家长的爱，亲子矛盾非常尖锐，这说明家长的理解或做法还有偏颇。有些家长以孩子的成绩作为标准，孩子在某阶段成绩好，就对孩子爱心泛滥；在某阶段孩子的成绩下滑了，立刻如临大敌，各种质疑和询问："你是不是上课没认真听？""你是不是没努力？"有些家长即使嘴上没说，但是其行为将内心的这种语言暴露无遗。在家庭教育中，家长接受孩子的心理感受，之后再与孩子共同寻求解决方法是唯一正确的选择。当家长开始给孩子讲大道理的时候，孩子就会打消与家长交流的念头，彻底关闭与家长交流的所有渠道。爱的作用就是让交流顺畅。

这种爱是有原则的。也就是说，爱孩子不等于失去原则，不等于放纵孩子去做超越底线的事情。例如，针对家长都头疼的手机问题，很多家长本来已经和孩子协商好玩手机的时间，但是看到孩子闹得凶，就坚持不住，无底线地退让了，这就超越了底线。当然，爱的原则性还体现在，不能以爱孩子为名错误地引导孩子。例如，孩子在学校与其他同学发生冲突本是正常的事情，有些家长却以爱孩子为由错误地引导孩子"打回去，出了事情爸妈给你担着"；有些孩子在公共场合大声喧哗，不考虑其他人的感受，如果有人提醒，有些家长会直接维护孩子，不承认也不纠正孩子的错误，这都是典型的"无原则的爱"。这种爱贻害无穷，这样的孩子未来很难适应社会，他们自我感觉良好却为社会所嫌弃。还有些家长认为，原则是可以改变的，只要孩子成绩好，什么要求都可以被满足；只要孩子成绩不好，什么事情都不能提。这种爱也是不可取的。

有原则的爱来自明事理的家长，家长要告诉孩子在社会中与学校中哪些事情可以做，是对的；哪些事情不能做，是不对的。孩子的规则意识、是非观念就是这样形成的。有些家长，只要孩子不和他们讲道理，就会说："我怎么这么命苦，生了这么一个啥也不懂的孩子！"其实，孩子的一切行为都可以溯源，都与家长密切相关。

只有爱孩子，知道体察孩子的内心，接受孩子的一切情绪，家长才能走进孩子的内心，才能与孩子进行交流。而这是避免一切问题的基础，也是孩子出现问题时解决问题的前提条件。有原则地爱孩子，是让孩子懂规则、尊重社会规则、做事有尺有度、适应社会的关键一环。

如果坚持做到爱孩子，有原则地爱孩子，家庭教育的大部分问题都会迎刃而解。但是做到这些很难，需要家长管理自己的情绪、约束自己的行为，坚持做。这是家庭教育取得成效的真谛，是孩子能够走向成功的道路。

深刻思想的本质是简单，是坚持。希望各位家长拥有深刻的洞察力，能够看透复杂事物并且识别其中隐藏的模式，注重家庭教育本质，坚持把最关键的事做好，爱而有道，目标明确且简单，有始有终。

03 | 接纳孩子的情绪和感受

Case

　　有几位家长和我联系，说自己的孩子出现了心理问题。他们的孩子有的是小学生，有的是初中生，还有的是高中生，这些孩子的共同特征是无目标、状态不佳、情绪低落、成绩下滑。家长非常急切地想让孩子去看看心理医生，或者找心理老师聊一聊。这些家长认为，只有解决了心理问题，孩子的成绩才能提高。家长希望孩子去找心理老师聊一聊的想法，有的孩子可以接受，有的孩子却非常抗拒。在家长与孩子的"拉锯战"中，孩子的问题不仅没有解决，有时还会加剧。

为什么会出现这种情况？

最本质的原因在于，家长无法做到对孩子的接纳，包括无法接纳孩子出现的偶然性或阶段性偏离状态，无法接纳孩子出现的问题行为。甚至有些孩子已经出现严重的心理障碍，家长仍想以最快的速度解决问题，让孩子回到家长心中的"正轨"。家长在家庭教育中总是希望有一个"速效万能药"，包治孩子"百病"。结果事与愿违，孩子的行为越来越偏离家长心中的愿景，家长会越来越焦急，进入一种恶性循环……

孩子出现行为或心理偏差，家长该如何应对？

家长必须接纳孩子。

心理学研究告诉我们，对于偶尔出现行为或心理偏差的普通孩子和出现严重心理问题的孩子，家长的接纳方式应该是不同的。对于后者，家长必须无条件地接纳，在接纳的基础上去治疗、调整才会有作用。在本书中，我们仅谈一下如何接纳在现实生活中偶尔出现心理或行为偏差的孩子。

家长要非常清晰地知道**接纳孩子有四个步骤**。

第一步，接纳孩子在成长的不同阶段可能会出现心理或行为偏差这种现象。这种现象是孩子成长中的普遍现象。

任何一个孩子的考试成绩都会起伏变化，他会开心，也会不开心。德国医生菲里斯和奥地利心理学家斯瓦波达发现了人的体力周期为 23 天，情绪周期为 28 天；奥地利泰尔其尔教授发现人的智力周期为 33 天（见图 1-1）。因此，孩子的情绪、智力、体力出现波动与变化一般是符合科学规律的，家长不要大惊小怪。一旦家长过于在意，正常的波动就会给孩子带来心理负担。很多孩子成绩的波动是正常的，但是家长太在意了，孩子在高压之下就很难调整好自己。

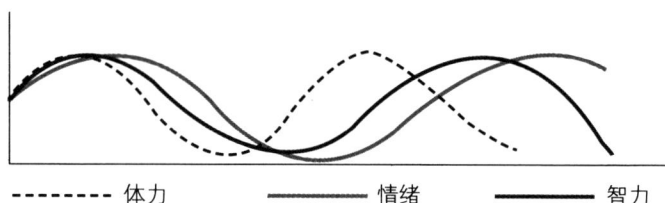

图 1-1　人体生物节律示意图

资料来源：王俊人. 重视人体节律，合理安排作息 [J]. 现代职业安全，2005（02）：63.

任何一个孩子都不可能一直目标坚定。他们会迷茫，会经历内心挣扎，这些都是孩子成长中不可缺少的经历。孩子只有自己经历了心理上的阵痛与自我调整，才会蜕变与成长。每个孩子的成长都不是一帆风顺的，每个孩子都不可能在任何时候都保持最佳状态。

第二步，当孩子出现行为或心理偏差时，请接纳孩子的情绪与心理感受。

有的家长看到孩子的情绪发生变化或学习状态发生改变，会马上做出反应：有些家长表现明显，把失望与愤怒写在脸上；有些家长表现得比较隐晦，但也会想尽一切办法让孩子尽快恢复。

孩子情绪变化有些是外显的，是我们能够看到的，但是有些是我们看不到的。在平静的外表下，孩子内心可能正经历着痛苦、伤心、生气、失望、没面子，甚至耻辱感。成绩下滑时，孩子往往比家长更焦虑，他们由于没有解决的方法才会产生各种情绪，才会茫然，才会自我否定，才会怀疑目标。孩子出现的这些外显行为是一种求救信号，这时孩子最需要的是家长的理解与帮助，借助成年人的理性与经验获得一个可操作的解决方案。

家长的正确做法是，要表达出接收到了孩子发出的信号。家长接纳孩子的情绪与感受——这样的态度是一种信息的传递，是在告诉孩子：家长已经收到信号，会和他站在一起。当孩子情绪变化，成绩下滑，行为或心理出现偏差时，家长要这样接纳："我感觉你这一阶段心情不好，看上去好像特别难受，能不能告诉我为什么？"家长的"感觉到"与"看到"对孩子来讲就是疗愈。但是有些家长，看到孩子情绪变化、成绩下滑，第一反应是"你为什么不好好学习""你的成绩为什么下滑"。这种不接纳的反应就像软刀子一样扎向孩子的内心，让本就束手无策的孩子更加焦虑难安。

第三步，要理解接纳孩子的情绪与感受，并不是接纳孩子的所有行为，也不表示我们认同孩子的所有想法与做法。

接纳孩子的情绪与感受，是为了在亲子之间建立内心的连接。家长接纳孩子的情绪与感受，才能与孩子之间建立信任，在此基础上，孩子才会认同家长的分析，才有可能接受家长所提出的解决方法。

接纳孩子的内心感受，可以让孩子的情绪得到疏解，孩子才能逐渐地用理智代替感性。我们经常会发现，在孩子的情绪过去之后，他可以非常理性地分析自己的现状，发现自己存在的问题。

家长可以让孩子感知到，无论何时，父母都可以无条件地接纳他们，但是这种接纳并不代表认同他们的所有思想或行为，要让孩子知道，他们的有些想法与行为必须改进。

第四步，在接纳的基础上共同寻求解决问题的方案。

解决问题才是家长的目标，所以当孩子出现问题时，家长大多马上焦急地四处寻找方法，希望借助外力解决问题。其实，孩子才是解决问题的主体，只有孩子才能解决自己的问题。

之前我倡导接纳就是为了让家长与孩子能够建立良好的亲子关系，能够坐下来一起分析事情、商讨规则、明确底线，找到解决问题的最佳方法。

家长接纳孩子的感受，孩子才能接纳家长的建议。成年人之间也是如此，当你接纳一个人，认为他所做的一切都是真心为你好时，无论他的观点是否正确，你都可以理智地进行判断；当你不接纳一个人时，他说的每一句话你都不想听，更不会采纳。接纳是亲子沟通的基础，是让孩子从负面情绪中走出来的方法，是解决一切问题的关键，更代表着家长对自己行为的反思与调整。

每个孩子在成长过程中都会发生这样或那样的问题，家长要接纳，给孩子一个自我疗愈的过程、一个情绪疏解的过程、一个自我反思与调整的过程。静静地等待，温暖地接纳，让孩子知道，这只是他成长中的一个小插曲，而不是一个不可修复的 bug（错误）。在家长的指导下，孩子的自我修复能力是可以解决成长中遇到的大多数问题的。

"欲速则不达。"接纳孩子、信任孩子，不要功利，更不要急于求成。

04 | 走出家庭精神内耗，
摆脱"白熊效应"

Case

"我是一个对孩子要求严格的家长，孩子做事也很认真。可是现阶段孩子在大小考试中连续出现失误，拿到试卷后分析原因时，孩子发现这些题都会，只是因为这样或那样的问题而造成失分。我反复和孩子强调要严谨，孩子也保证不再出现类似问题，但是这种情况连续发生多次了，我和孩子都不知道怎么办才好了。"

现实生活中，我们经常看到孩子在学习中出现这种"会而不对""会而不准"和"会而不全"的问题。这种问题看似简单，背后有些原因是孩子和家长都没有意识到的，他们在不知不觉中被这种原因左右，所以问题才迟迟不能解决。其中一个原因就是家长或孩子的负性情绪导致精神内耗，心理压力过大使孩子不能全身心地投入学习。

现在家庭内存在的精神内耗现象，大多有两种表现。

第一种表现是家长或孩子和自己的期望较劲，就是家长要求孩子达到某种目标，或孩子要求自己必须达到某种目标，过于执着。在这样的家庭中，家长对孩子的"期望"很多，如果偶尔不能达到，家长内心无法接受，纠结于此无法自拔。等到下一次考试，家长期望孩子"在哪里跌倒就在哪里爬起来"，事实却恰恰相反——"怕什么来什么"。尽管孩子在考试过程中感觉那些题目自己都会，但是作答时却有的出现了错误，有的出现了"会而不全"的状况，导致得分很低。

第二种表现是孩子信心不足，害怕失败。在这些家庭中，家长情绪控制能力较差，当孩子的某种行为失败时，家长会通过负性情绪表达不满、发泄失落。家长经常对孩子提起这些失败的经历，目的是提醒孩子"吸取教训，引以为戒"。在这种家庭中成长的孩子往往信心不足，他们怕自己的行为让家长失望，引发家长的负性情绪反应。他们在考试前不愿意提及自己曾经失败的、让家长不满意的考试经历，但结果是越想忘记什么就越忘不掉，头脑中出现的失败情境再次发挥作用，以至于在考试中再次失误。

在心理学中，我们把这种现象称为"白熊效应"。白熊效应又称反弹效应，是由美国心理学家丹尼尔发现的。他做过一个实验，告诉实验者不要去想象一只白色的熊，然后去问实验者在想什么，结果实验者的思维出现反弹，他的脑海中就有一只白熊挥之不去。

生活中的白熊效应，我们很多人都有体会。例如，在睡觉之前忽然想起自己曾经失眠的场景，于是就睡不着了，越想控制越睡不着。有些人发现，对一些痛苦的经历越想忘记，回忆起来的频率越高，细节越清晰。这时候的人就像被卷入某种旋涡，越挣扎陷得越深，最后深陷其中，无法自拔。

为什么会有白熊效应？即为什么"怕什么来什么""想忘记什么就是忘不掉"呢？

这是因为"家长的希望""家长的提醒""家长的情绪反应""孩子提示自己不要重蹈覆辙"等语言或行为，对孩子的大脑来讲，都是信息的再确认、再加深。当孩子想刻意转移注意力，将全部精力投入学习时，家长或孩子自己的提醒使得孩子开始出现无意识的"自主监视"行为。这种自主监视行为会强化孩子大脑中的一些"负性的思想"或"失败的体验"。

简单来讲，就是当家长告诉孩子不要做什么时，孩子的注意力就已经被家长转移到了不要做的事情上。例如失眠的人在睡前的时间里把大部分的注意力都放在"我有没有乱想""我不要乱想"这件事上，越关注就越会乱想。

这就是一种对孩子来讲没有任何意义的"精神内耗"，可惜很多家长在强化它，很多孩子还深陷其中，无法自拔。以我多年的经验来看，孩子出现"精神内耗"的本质原因还是源于家长，是家长的过度期望与负性情绪长期作用的结果。

如何摆脱白熊效应？如何摆脱"怕什么来什么""想忘记什么就是忘不掉"这种旋涡？

首先，拥有清晰的认知。家长们要明确一点，一个人无论如何努力，都不可能事事如意。当面对不如意的境地时，不接受、拼命地拒绝、想方设法地抵抗，往往无法解决实际问题，只会雪上加霜，加深内心痛苦。我经常和一些家长朋友说，说话做事之前先问一问自己，这句话说了之后会不会有好的效果，这件事情做了之后会不会发挥正向作用。如果答案是不会，那么家长就要转变观念，换个打法。

其次，接纳是摆脱白熊效应的有效方法，是缓解"怕什么来什么"的最佳策略。要做到"来者不拒""接受已发生的事情"，在此基础上寻求解决路径。大家要知道，大脑做任何事情都是需要消耗能量的。当家长不接受孩子不如意的考试结果时，抗拒和不满会被传递给孩子；孩子纠结于这种消极的情境并想摆脱它，为此大脑需要消耗大量的能量，这会分散孩子的注意力。

家长要接纳孩子在成长过程中的不完美和考试评价过程中出现的问题。在孩子的成长过程中，每一次考试的成绩都不能决定孩子的人生，只是提醒孩子在不同成长阶段的学习中还存在的问题。如果清楚了这一点，家长的心态就会平和一些。所有由于心理压力过大、精神内耗而影响孩子考试成绩的现象，都与家长的心态密切相关。

很多家长的心态是想通过孩子的成绩优秀来进一步证明自己的优秀，或者想通过孩子的优秀来弥补自己内心的缺憾与不自信。如果家长有这样的心态，一定要及时纠正，否则会给孩子带来沉重的心理负担，影响到孩子的成绩，甚至会影响到孩子的一生。

最后，家长要学会情绪自控，并且引导孩子学会将积累的负性情绪宣泄出来。负性情绪积累到一定程度时，要学会将这种负性情绪宣泄出来，否则孩子与负性情绪对抗就需消耗大量的能量，孩子的精力就会被分散。所以，无论家长还是孩子，胡思乱想的时候都要尝试接纳自己的情绪，不要刻意去压制；可以不做任何分析与评判地表达出来，比如写日记；可以在不伤害别人的情况下发朋友圈或采取其他自己可以接受的方式，将负性情绪与胡思乱想释放出来，淡化它，给大脑减负，释放大脑的内存空间。当你不再刻意抗拒某种思想时，它就会从你的潜意识中消失。

要注意的是：**接纳不是让自己快乐，而是为了减轻痛苦；接纳也不是妥协、消极不作为，而是让自己的内心能够平静。**家长要学会接纳孩子，并引导孩子接纳自己。

走出家庭精神内耗，让孩子能够以轻松的心态充分发挥自己的潜能。只有家长给孩子减负，孩子才能做到更好！

05 | 终结负能量影响

由于职业特点，多年来我和许多学生有过非常深入的交流。我记得，一名小女生曾经和我说："老师，我父母传递给我的都是负能量，我明明知道，可是回到家里，却还是控制不住地受到他们的影响，心情非常压抑，活成了自己最不喜欢的样子。"这是一个喜欢心理学、喜欢自我剖析的孩子，她知道自己的父母充满负能量且自己身在其中无法自拔，她对此非常烦恼。我相信有一天她一定会突破自我，蜕变成为她喜欢的样子。

每个人都希望与充满正能量的人打交道。什么是正能量？什么是负能量？我认为，这里的能量并不是真正意义上的"能量"，而是指一个人对待世界、对待他人和对待自我的态度。如果一个人弘扬正气，说的话、做的事让人心情愉悦，就是正能量；反之，如果一个人怨天尤人，说的话、做的事让人心理压抑，就是负能量。

现实生活中，很多人没有意识到自己充满负能量，更不知道他们正在影响着自己的孩子。

如何知道自己是否为负能量的人呢？可以从下面四个方面判断。

第一，悲观消极。眼里只有世界的黑暗面，总是抱怨世界的不公，怀疑别人的用心。看不到积极面，觉得这世界上没有好人，没有好事，觉得一切都是不好的。

第二，易怒失控。经常情绪不稳定，非常爱生气，无论别人怎么做，还是不满意，还是要找碴儿。经常把气撒到周围人身上，尤其是至亲身上。

第三，矛盾不安。内心永远充满矛盾，行为上带着不安的因素，似乎永远找不到明确的方向。生活在矛盾与不安中，难以走出来。

第四，自私狂妄。对任何事情都会斤斤计较，只考虑自己的感受与利益，什么事情都不想吃亏，更不会去吃苦。听不进别人的意见，还经常批评别人，总是希望少付出、多收获。

根据以上四个方面，可以简单自检。

如果你是一位负能量的家长，会如何影响到孩子心理成长呢？

第一，负能量的家长会对孩子的想法与行动进行负面判断，阻挠孩子实施行动。

孩子小时候的做事方法大多是通过学习获得的。家长热情，孩子会大方；家长畏缩，孩子会自卑。

负能量的家长对于孩子提出的各种想法以及想要做的事情大多采取先打击，再阻挠的方式。例如孩子有一个想法，负能量的家长第一反应就是反对："你这样做不行！""我这都是为你好。""听话，以后你就知道爸妈对你好了。"也就是说，孩子提出来的想法，家长永远是不支持的。

因此负能量的家长容易养育出一个退缩、胆小、自卑的孩子。

第二，负能量的家长对孩子的想法与行动进行过多指责，试图用语言暴力达到管教的目的。

这些家长由于比较自私，不考虑孩子的感受，更不懂得与孩子说话的艺术，把语言暴力变成一种管教孩子的方式。有些家长采用的方式是唠叨与指责，而且不认为唠叨是负能量。试想，你将同样的内容说很多遍、说很多年，你的孩子还想听吗？他还想与你沟通吗？答案是非常明确的。你与孩子沟通的渠道会彻底关闭。

因此负能量的家长容易养育出封闭、自责或易怒、矛盾、叛逆的孩子。

第三，还有一种隐性的负能量传递方式，就是家长当着孩子的面探讨的都是社会黑暗面，夸大社会的不公平，发泄自己在现实世界中的不如意。还有些家长，认为家庭就是温馨的港湾，所以习惯于回到家后发泄自己的负性情绪，将自己积压在内心的抑郁排解出去。诚然，在家里无所顾忌地发泄可以让自己的情绪得到疏解，但是让心理发展尚未成熟的孩子生活在一个负能量的场景中，时间久了，孩子就会不可避免地成为一个负能量的孩子。有些家长说，平时我们都不批评孩子，他怎么这么多负能量呢？这是因为隐性的传递力量更大一些。

从科学上来讲，每个人的身体深处都潜伏着负能量，它通过潜意识影响着我们。我们在做事时会不知不觉地受到它的影响。

至于各位家长该如何应对自己的负能量，这需要分析人的负能量产生的原因，知道原因后才能对症下药。

第一，负能量源于压力。

我们经常说"有压力才能有动力"，每个人都在不知不觉中承受着来自生活、学业、家庭等诸多方面的压力，当压力超过一个人所能承受的临界值时，压力就会转化为负能量，作用于一个人的内心，使之疲惫不堪。因此为自己设定目标不要超过自己的能力范围，不要给自己增加压力。

第二，负能量源于自卑。

有些人的负能量是对自己的外在条件缺乏自信导致的，他们认为自己的身材、相貌、家庭条件、工作等不如其他人，而自己又无力改变，就会感觉低人一等，自我贬低，陷入焦虑与痛苦之中。家长要对自己有理性的认知，不要在孩子面前自怨自艾。家长充满自信，孩子才能内心充满阳光与信心。

第三，负能量源于环境。

由于周围环境中很多人是带有负能量的，他们向你抱怨生活的不公平、工作的挫折、感情的不顺、他人的不理解，久而久之，你就成了一个接收负能量的容器，掉入负能量的旋涡。因此，不要与负能量过多的人为伍，他会让你的情绪发生逆转，从而影响到孩子的心理成长。

第四，负能量源于个性。

有些人是讨好型人格，不会拒绝，善于倾听。由于你的善解人意，总有人愿意找你倾诉烦恼与困扰，诉说各种不如意、不公平等，让你积累了太多的负能量。所以，要学会对负能量的人说"不"。

第五，负能量源于无助。

在一个人成长道路上，存在消极的情绪是难免的，每个人都会有自己的烦恼。正常情况下，当一个人经历负性事件或负性情绪时，只要有适当的发泄渠道，很快就会恢复正常的状态，不会积累负能量。但是，如果一个人无处释放压抑的情绪，没有办法摆脱消极情绪带给他的影响，负能量就会在内心累加、堆积，对人的心理和身体产生影响。

这里我建议通过运动去消解负性情绪，或者通过做有意义的事情所获得的幸福感抵消压力与困扰。

总之，成为家长，就多了一份责任；为人父母，就多了一份自律。不能为所欲为，不能肆意妄为。无论多累，都不要让你的负能量影响到孩子的心理成长；无论多苦，都不要把这一代的负性情绪传递给下一代！

06 | 走出焦虑与疲惫，
避免"野马效应"

有一位家长给我打电话，希望我和她的女儿谈一下。这位家长自述，开学以来她的孩子一直处于焦虑中，让孩子做什么，孩子也不听话。在电话中，我感受到这是一位焦虑不安且无助的家长，让我与她的孩子谈话似乎成了她的救命稻草。我问了她两个问题："你的女儿同意和我谈话吗？""你判断一下，你和女儿谁更焦虑一些？"她迟疑了很久，说："不知道孩子会不会同意做心理咨询，关于谁更焦虑，仔细想一下，好像是我。"后来的几次谈话，都是我给她做心理咨询。

"孩子开学，我比孩子还焦虑""孩子考试，我比孩子更紧张""孩子即将参加期末考试，我已经疲惫不堪、力不从心"，这是很多家长内心的真实写照。

家长重视孩子的成长，这本无可非议，但是希望孩子沿着自己既定的路线成长，这就有些强人所难了。现在的家长群体中，控制欲比较强的家长占比越来越高，在孩子小的时候就设想孩子要进入什么样的小学、初中、高中，为了孩子绞尽脑汁、竭尽所能；等孩子进入预定的学校后，又心生各种希望："希望孩子得到老师的认可""希望孩子成绩名列前茅""希望孩子可以在学校的各种活动中崭露头角"……一旦孩子的行为背离家长预设的轨道，家长就会产生强烈的不安与焦虑感。

在多年的心理教师的职业生涯中，我发现凡是焦虑的孩子，其家长的焦虑程度和追求完美的程度普遍偏高。这使我想起心理学中的"野马效应"。

什么是野马效应？

非洲大草原上有一种体形高大、肌肉发达、奔跑速度很快的野马，但是这种野马却害怕一种体形很小的蝙蝠，因为蝙蝠可以吸附在野马的腿上，刺破野马的皮肤，吸食野马的血液，让野马非常不舒服。

野马每次遭到这种蝙蝠的攻击时，都会既恐惧又愤怒。它们为了摆脱蝙蝠，拼命地奔跑与跳跃，但是每次都以失败而告终。于是在大草原上经常出现这样的壮观景象：一匹高大的野马拼命地奔跑、跳动着，愤怒而无奈；它汗如雨下却不肯停歇，直至筋疲力尽，甚至在极度疲惫中死去。

动物学家认为，蝙蝠所吸取的血量很少，对野马不会造成太大的伤害，野马的死因是它愤怒、不甘，产生强烈的负性情绪反应，自己和自己较劲，最终力竭而亡。这就是心理学中的野马效应。

野马效应在家庭教育中是如何体现的呢？

孩子在成长过程中出现一些问题本是正常的，可是有些家长不能接受孩子在青春期的叛逆，不能接受孩子在新环境中的无力感，不能接受孩子面对挫败时的茫然。孩子出现问题时，家长就会吃不好、睡不好，如鲠在喉，必须马上解决问题，根本不给孩子自己适应环境、消化情绪及寻找策略的时间，恨不得今天的问题今天就要解决。如果孩子和自己想法不一致，家长就会自己和自己较劲，焦虑难安、身心俱疲，就像为了摆脱蝙蝠而狂奔的野马。所以，不是孩子的问题让家长疲惫，而是情况不能按照家长的想法去发展，让家长无法接受。

心理学的研究表明，情绪对人的影响是非常大的。一个人情绪高度紧张或冲动发怒，就会对自己的身体器官以及内分泌系统等造成很大的不良影响，也可能诱发多种疾病，影响自己的身心健康。

很多成功人士回望自己接受的家庭教育时，发现自己的家长也一直经历着教育失败的挫败感，家长教育孩子的过程从没有一帆风顺。有一位成功人士问妈妈："您怎么把我教育得这么好？"他妈妈说："我从来没有感觉自己教育得好，也从没有体验过成就感，在你成长的过程中，我好像一直没有找到好的方法，但是随着时光的流逝，你就长大了，还这么成功。"

野马效应给了我们什么启示？

对于野马来说，让蝙蝠吸点儿血根本不算什么，接纳这件事情，控制自己的情绪，一切都迎刃而解了。在现实生活中，人难免会遇到不顺心的事，如果不能接纳负性事件，不能冷静对待，一味地焦虑难安、情绪激动，甚至为了一些小事暴跳如雷，就会严重影响身心健康。所以气坏你的不是不顺心的事情，危害你健康的只是你内心的愤怒与恐惧而已，原因还在你自己身上。

回到家庭教育中，孩子在成长中出现问题是必然、是规律，孩子就是在不断的试错中成长的。当孩子刚进入初一、高一时，孩子可能不适应：不适应学习方法、不适应老师的教学方式，甚至写作业都非常吃力。这是正常的，如果家长能够接纳孩子这种状态，给孩子一个安宁的环境，孩子很快就可以适应；如果家长不接纳，孩子在焦虑、恐惧与不安中去适应，适应效果会大打折扣。

有些家长像那匹野马一样，孩子出的问题并不大，但由于家长不想接受，就一直经历着煎熬与挫败感。这种负性情绪使家长在教育孩子的过程中愤怒不已、心身俱疲、无力支撑，亲子之间火药味很浓，一触即发。孩子并没有因为家长焦虑不安而改变，也没有如家长内心所预期的那样遵循家长心中预设的路线发展，甚至会偏航很多很多。

如何控制情绪呢？

受野马效应影响的家长，在日常生活中需要加强情绪控制，不能被情绪左右，要成为情绪的主人。

以下三个步骤供各位家长参考。

第一步，自我觉察与理性认知。

作为一名心理教师，我最怕的就是遇到固执己见的家长，他们不肯承认自己在家庭教育中存在问题。能够觉察到自己的问题非常重要，情绪的自我觉察也是如此。当我们面对一些情境时，知道自己的情绪即将爆发，这是能够控制情绪的第一步。

第二步，学会让情绪暂缓发作。

情绪的爆发是有一个过程的。当意识到自己要控制不住情绪时，要想办法让情绪暂缓发作，可以采用转移注意力的方法，比如深呼吸，或者去做其他事情，让情绪暂缓发作，让理性回归一些。

第三步，梳理情绪，找合适的渠道宣泄情绪。

转移注意力之后，家长可以理智地梳理一下自己的情绪，弄清自己的情绪是怎么来的，评估一下这种情绪是否合理。这样做可以有效地减少未来情绪爆发的频率与程度。一个人的情绪控制需要一个过程，能够认清情绪出现的本质原因是解决问题的关键。家长可以用笔记本或手机备忘录写下自己情绪产生的过程，站在一个旁观者的角度描述自己的情绪。这个书写过程，既是梳理，也起到一定的宣泄作用。

情绪是不能被抑制住的，但可以通过合理的途径进行宣泄，比如通过吃美食、购物、向他人倾诉，或者运动，等等。只要是理性的途径，怎么做都可以，当然我认为最佳的方式是运动，这种方式既有利于身体健康，又有利于情绪纾解。

当孩子遇到问题时，家长只有接纳孩子的变化与情绪，和孩子一起寻找解决方法，才能让孩子更快、更好地适应每一个未知的环境。

07 | 三种误导孩子一生的
不合理观念

Case

　　"老师，我爸妈总将我与别的同学比较，比如和经常获得老师表扬的同学比，和拿了奖学金的同学比。比较之后，他们就会唉声叹气，指责我这里做得不对，那里做得不好。我知道他们的出发点是为了我好，可是我被压得非常难受，特别焦虑。我周边的朋友也有这种情况，他们的家长甚至把他们说得一无是处。家长总希望我们按照他们的规划走，我已经很努力了，但还是无法改变他们对我的看法。我特别自卑，甚至要崩溃了。老师，这是一种反向激励吗？"这是一名初三学生的疑问。

　　不难发现，这个孩子的家长之所以不开心，是因为他们的坏情绪、坏心情都源于对发生在孩子身上事件的不合理的认识与想法。也就是说，不是孩子做得不好惹了家长，而是家长内心对孩子的诸多想法让自己不开心。如果家长不改变观念，不仅会影响到自己的心情，还会让孩子长期处于负性情绪中，那么孩子的学习成绩如何提高，孩子怎么会有学习的热情与动力呢？

那么现在的家长有哪些不合理的观念呢？主要包括以下三个方面。

第一，家长对孩子所持有的"绝对化"的要求与希望。

在心理学中，绝对化的要求是指人们常常以自己的意愿为出发点，认为某事物必定发生或不发生的想法。代表性的语句有"你必须""你应该"或"你一定要"等。

例如，有些成年人会说"我必须成功""我对他这么好，他必须对我好"等。每一个客观事物都有其自身的发展和变化的规律，不可能以某个人的意志为转移。即使一个人在一件事情上成功，也不可能在每一件事上都成功。但是，对持有这种绝对化要求的人而言，当某些事物的发展与他对事物的绝对化要求相悖时，他就会感到难以接受，从而被坏情绪左右。

在家庭教育中，有的家长会对孩子说"你应该考班级前十名""这道题你不应该做错""你一定要给父母争气""你必须拿到这次比赛资格"等。在这些家长的观念中，孩子在学校就应该得到老师或同学的喜爱和赞许。有些家长还会认为，如果你是一个有价值、优秀的孩子，你就应该在各方面都比别人强。当孩子做事的结果与家长的绝对化想法相悖时，家长就会心情不好，难以接受结果。所以困扰家长的不是孩子，而是自己的内心。

家长可以希望孩子成功并祈求他们成功，但是不能要求孩子一定要成功。如果用绝对化的要求指导孩子，孩子在成长的过程中怎么会有成就感与幸福感呢？怎么会在学习中体验到乐趣呢？

所以这些家长应该学会用"我希望""我建议"代替那些绝对化的观念。

第二，家长对孩子评价时出现的"过分概括化"倾向。

这种不合理观念的实质是以偏概全，拥有这种观念的家长的代表性语句是"总是""所有""一直"等。如讲述前面案例的孩子，她提到她的语文单元测试成绩只要有一次没有考好，她妈妈就会认为她的语文成绩总是不好。有的孩子遇到问题会焦虑不安，可能很快就自行调整好了，但有些敏感的家长马上就会将偶尔出现的情况概括为"我的孩子一直很焦虑！这可怎么办才好"。也就是说，在家长的观念中，孩子碰到的各种问题总是应该有一个正确、完美的答案，无法找到完美答案是自己不能容忍的事。

用心理学家埃利斯的话来说，这就好像凭一本书的封面来判定书的内容好坏。典型特征是家长凭一件或几件事就以偏概全地评价孩子的整体价值。例如，孩子在学习中遭受一些失败后，家长会认为孩子没有学习这方面的能力，久而久之，会让孩子认为自己"一无是处、毫无价值"。这种片面的他人否定或自我否定往往会导致自卑、自弃、自责等不良情绪出现。家长用这种思维方式评价孩子，表现出来的行为就是一味地指责孩子，从而让亲子之间产生怨怼、敌意等负性情绪。

这种思维方式违背了一个规律——世界上没有完美的人，所谓"金无足赤，人无完人"，每个人都有犯错误的可能性。

第三，家长在养育孩子的过程中经常出现"糟糕至极"的观念。

这种观念是指，如果发生了一件不太好的事情，家长就会觉得这将是非常可怕和糟糕至极的事情。例如，"孩子如果考不上大学，他的人生就完了""孩子这次拿不到比赛资格，未来他就没有机会了"。这样的家长认为，在孩子发展的过程中应该按照家长的意愿发展，不能偏离太多，否则会很糟糕。

这种想法是非理性的，从理论上来讲，任何一件事情都有可能出现比现在更坏的情况，所以从严格意义上讲，没有一件事情可以被定义为"糟糕至极"。在家庭教育中，如果一个家长非要坚持这种"糟糕至极"的观念，那么当他遇到他所认为的百分之百糟糕的事时，他就会陷入恶性的坏情绪体验。**情绪的传染性是极强的，孩子会受到家长的影响，可能表现得更极端、失望，甚至一蹶不振。**所以很多孩子对自己失去信心，大多与家长传递的观念密切相关。

在与孩子共同成长的过程中，家长总是感觉自己被打击，感觉自己在教育孩子方面遭遇了无数失败和挫折。此时，各位家长可以理性地反思一下，自己是否存在一些"绝对化要求""过分概括化"和"糟糕至极"等不合理的观念，或具有这种思考问题的方式。

要想改变以上三种不合理的观念，需要有意识地用正确观念取代它们，打开思路，从多个角度分析问题，不要固守自己的认知方式。

例如，同样是孩子月考没考好，不同的家长会有不同的认知与想法：有的家长认为，这次考题可能有点难，月考只是检验孩子这一阶段的学习情况，偶尔一次失利无所谓，要继续鼓励孩子，这种认知不会打击到家长和孩子；有的家长认为，孩子在月考就考不好，说明学习能力太差，月考都不行，期中、期末的大考就更不用说了，因此家长很沮丧，并将这种情绪传染给孩子，家长和孩子的内心都受到了一定程度的打击；有的家长可能会仔细分析孩子在考试中的优势与劣势，寻找机会和孩子进行探讨，在不引起孩子反感的情况下给孩子提些建议，对孩子依然信心满满。

同样一个事件可以引起不同的情绪反应，这取决于家长对事件的认知。孩子没考好不是家长烦恼的本质原因，家长对没考好这件事情的看法决定了其是否烦恼。

我们每个人一生都在为自己的认知买单，认知水平低的人，看事情可能就会主观和感性，容易被事情的表面现象迷惑，进而产生偏见，成为被动接受者，被不合理的观念左右；认知水平高的人，看事情可能就会客观、理性，遵从事物的本质与规律，成为主动改变者。

希望所有的家长都能提高自己的认知水平，摆脱不合理的观念。

08 | "双标" 行为要不得

Case

　　在我做咨询老师的 28 年间，令我印象最深的就是孩子们所表述的家长在教育过程中的"双标"行为。"周日晚上一起吃饭时，我爸将饭端到电视机前去吃，因为要看球赛；我妈用手机刷网店，为'6·18'购物节做准备。我挺无聊的，刚把手机拿起来，妈妈就大喊一声'不许玩'，还说'吃饭也不认真，你做什么事情能认真'……我爸妈的做法就是赤裸裸的双标，而且这样的行为经常发生，让我很无语。"

　　这应该是家庭教育中有名的"双标"行为。我理解的"双标"行为，就是对待同一件事情会根据利益或喜好做出截然相反的行为或判断。例如，同样一件事情，某一个人做就是合理的，另一个人做就是不合理的。

　　孩子在成长过程中出现的很多问题都与家长在教育过程中出现的"双标"行为有关。梳理一下，家长的"双标"行为大致包括以下三种。

第一种，标准只为"他人"制定。当家长把自己和孩子放在一起比较时，孩子就是"他人"，家长对自己和对孩子的标准不一致。例如，家长玩手机是因为"工作一天太辛苦了"，孩子玩手机就是不务正业，因此经常出现父亲打着游戏训斥孩子不上进的情境。家长要求孩子要有自制力，自己却打麻将、抽烟、喝酒样样不控制；家长让孩子按时上床睡觉，自己却追剧追到凌晨3点；家长不许孩子说脏话，自己在开车时"怒路症"发作，当着孩子的面就口吐脏言。

当孩子、家长之外又增加第三人时，标准只为第三人制定。例如，当孩子犯了错误，老师和家长进行沟通时，有些家长在孩子面前就用"自己的标准"和老师交流：平时，家长不肯承认自己有问题；此时，家长不肯承认孩子有问题。在家长口中，孩子没什么错，错的都是"他人"，家长的标准只为他人制定。这一条对孩子的影响是最大的。

第二种，标准是主观的。这里有两种情况，一种是好事情都是其他孩子做的，坏事情都是自己家孩子做的；另一种是孩子只要成绩好，其他事情都无所谓。家长的标准纯粹是主观的，不讲道理。

很多家长爱孩子却很唠叨，不满意孩子也要抱怨。孩子无论怎么做，家长总能找出做得不好的地方。很多家长说话时从不讲证据，他们都是感性的，理由都是"为了孩子好"。所以孩子经常有一种感觉：在家长的眼里，好事都是别人做的，坏事情都赖自己，因此无论怎么做都达不到家长的期望。

有些家庭内还有一种现象，夫妻双方有一方的"双标"特别明显，当孩子表现得特别好时，一方会对另一方说："你看看我的孩子多优秀！"当孩子犯错误时他又会说："你孩子犯错误了，你是怎么教育孩子的？！"

还有一种现象是，只要孩子学习成绩好，其他的事情，例如撒谎、自己的事情不肯动手、有时歪曲事实，家长都会视而不见、充耳不闻；如果成绩不好，则孩子无论怎么做都不受待见。孩子帮助别人时，有的家长会说："就你好，你成绩怎么不好呢？！"家长这种"双标"行为会使孩子逐渐失去价值判断的能力。

第三种，标准完全无依据，即进行比较时标准不一。例如家长评价自家孩子学习成绩时只与成绩好的学生比，谈论自家孩子吃穿时只与不如自家的孩子比，让孩子很无语。

所以，很多孩子说，没办法和家长聊天，聊孩子吃穿娱乐方面时，家长总让孩子降低要求，不要和别人攀比，而且会举出很多例子；而当聊学习时，他们又会让孩子提升对自己的要求，让孩子和成绩好的同学进行比较，无论这种比较是否符合现实。

我们必须承认，家长在教育孩子的过程中出发点都是好的，偶尔几次的"双标"行为也不会有太大的影响；但是长期的"双标"行为，会对孩子的成长产生非常大的危害。有些时候，家长会很困惑，为什么他就遇上了这么一个"不省心"的孩子。可以说，"双标"行为就是"不省心"孩子产生的原因之一。

下面我根据心理学的相关研究及经验，简单分析一下家长"双标"时，孩子会出现什么心理或行为。

第一，家长在孩子的心中失去权威性。在孩子的成长过程中，家长是孩子人生中的第一个权威人士。由于孩子的思想形成大多源于父母，因为模仿是孩子成长初期的主要学习方式。但是孩子在模仿的过程中也会思考，当家长"双标"、言行不一致时，孩子会产生疑惑，不知道家长的哪个行为是应该学习的，不断变化的标准会让孩子不再信任家长。

第二，家长的"双标"可能会造成孩子产生叛逆心理和行为。"双标"就意味着不能公正地对待孩子，当孩子的心理反复失衡或长期失衡时，孩子会心生反感，容易与家长对抗，形成叛逆心理和行为。当然，不断变化的标准及经常出现的不公正对待，也可能让孩子养成暴躁的性格，孩子也会回怼家长："凭什么我不能玩手机，你玩手机却废寝忘食？"

第三，家长"双标"，容易使孩子对自己的行为不负责。当孩子不满家长的行为并质问家长时，很多家长会很强势地说："我是大人，你是孩子！哪儿有那么多为什么！"家长不讲理，小的孩子会模仿，大的孩子会反抗。当孩子发现家长"双标"，发现家长将有利的标准都倾向自己时，他们大多会在模仿的基础上超越，"青出于蓝而胜于蓝"。所以随着孩子年龄的增长，这些家长会逐渐发现，自己对孩子的要求已经没有任何效果，孩子更不会对自己的言行负责。

第四，孩子没有正确的价值观。由于家长"双标"，有些孩子为了迎合家长的喜好，于是学会了察言观色，应付家长，当面一套背后一套，撒谎也会成为常态。这样的孩子长大以后根本不知道对错，也不想判断对错，只知道迎合，获取眼前的利益。家长如果没有发现这种现象，它就会影响孩子一生，使孩子进入社会后容易成为一个没有稳定的价值观，只会左右逢迎的人。

现实生活中，家长的"双标"行为随处可见，很多家长不把这种"双标"行为当回事。在教育孩子时总是要求孩子行得端、坐得正，却忽略了言传身教对孩子的影响。家长的行为是家庭教育的隐性课程，比刻意用语言与行动教育对孩子的影响更大。因此家长在生活中应该给孩子树立一个良好的形象，只有家长表里如一，孩子才会言行一致；只有家长严于律己，孩子才会自律自控。孩子年龄越小，家长的"双标"对孩子影响越大。

教育孩子需要摒弃"双标"。塞缪尔·约翰逊有句名言：榜样具有良好的感染力。家长放下手机，孩子才不会对手机上瘾；家长自律，孩子才能有强大的意志和良好品质；家长爱学习，孩子才对学习充满兴趣。家长首先要求自己，再去要求孩子，这样的要求才是有据可依的，孩子也可以根据父母的言行规范自己的言行，这样孩子才能有美好的未来！

09 | 如何做一个温和坚定、
会示弱的家长

Case

　　有些家长很要强，不仅在工作和生活中各个方面都很拔尖儿，希望能够得到大家的认可，在培养孩子方面也很要强，希望孩子和自己一样，能够超越他人。还有些家长为了在孩子面前树立权威，不断学习来提升自己，在平时把最好、最强的一面展现给孩子，让孩子看到一个无所不知、无所不能的家长。还有一部分家长，在生活中与孩子观点不同时，就一直和孩子辩论，直到孩子败下阵来……

　　这些家长的共性特征是：在孩子面前从不示弱。懂得使用"示弱"这种武器教育孩子的父母少之又少，家长大多走两个极端，要么比较强势，要么无原则地软弱。强势的家长持有的观点是"我为你好，所以我说什么你就应该听什么，做什么""如果我示弱了，家长的威信何在"。

事实上，在家庭教育中，在孩子面前会示弱的家长才是智慧的家长。家长适当示弱对孩子的成长有什么作用呢？

首先，家长的示弱行为有助于孩子提升自信心。

一个人自信心的建立主要源于成长过程中的成就感，这种成就感大多源于他人的肯定和鼓励。强势的家长大多对孩子要求比较严苛，孩子很难从家长那里获得表扬。孩子认为无论如何努力都很难获得家长的认可，自卑感会被放大。强势的家长为了让自己更完美，大多比较焦虑，这种焦虑会通过一些行为传递给孩子，给孩子造成沉重的心理负担，孩子的自信水平只会下降，不会提升。

家长就是孩子成长过程中的参照系，当孩子成长到一定程度，家长适当示弱，会让孩子认为自己的能力在提高，有了超越家长的空间与可能，会获得极强的成就感，自信心自然会增强，内心力量也随之增长。

其次，家长的示弱行为有助于孩子发展自主性与责任感。

心理学研究表明，当孩子面对一个无所不知、无所不能的人时，他只有两种选择，一是学习这个人的无所不能，使自己变得更强大、更完美；二是主动放弃，因为他知道无论怎么努力，都不可能做到无所不能，索性什么都不做，随波逐流。第一种选择需要孩子具有超乎常人的意志力和强大的内心，第二种选择是绝大多数人的无奈之举。

在现实中，我们经常看到这样的现象：家长太能干，孩子就会依赖家长，什么也不做，什么也不会。这时冷静地反思一下，就知道孩子"不行"是因为家长"太行"。所以，家长在孩子面前表现出"弱"，孩子才会有机会表现强大，有机会挖掘自己的潜能；家长在孩子面前示弱时，孩子才能主动发展，未来成为一个可以为家长遮风挡雨的人。

母亲更应该学会示弱，一个母亲表现得越强大、强势，孩子就会发展得越无能、懦弱。母亲适当表现出软弱，才能激发孩子保护母亲的欲望，减少对家长的依赖；母亲适时示弱，才能让孩子想办法去克服困难，主动让自己变得强大。

最后，家长的示弱行为有助于孩子建立对自己的正确认知。

如果家长在孩子面前表现出来无所不能的假象时，孩子在成长的过程中就会形成错误的认知，认为人就应该无所不能，当他面对一些问题束手无策时，他会产生强烈的内疚感和自卑感。因此，家长给孩子的假象会使孩子无法接纳"不完美"的自己，无法接纳"无能为力"的自己，心理问题自然而然就出现了。

家长在孩子面前示弱是为了让孩子更好地成长，如果你想让你的孩子"强"起来，那么你就要在适当的时候"弱"下去。示弱是以退为进，是强者智慧的体现，在家庭教育中，家长会示弱是家庭教育中的利器，无往不胜。示弱是一门艺术，而且在不同阶段家长的示弱方式应该是有差异的。

家长如何示弱才能发挥"利器"的作用呢？

首先，不要摆家长的架子。

很多家长总是摆家长的架子，给孩子一种高高在上的感觉，较小的孩子不愿意和这样的家长接近，在内心会有距离感；中学生，尤其是高中生，则会对家长高高在上的样子比较反感。所以，这样的家长不知不觉间在自己和孩子之间挖了一道鸿沟。

其次，学会向孩子道歉。

父母爱孩子是毋庸置疑的，但是有爱不代表做的事情都是正确的。有些情绪型父母，当孩子"犯错"时，就会被冲动左右，不顾孩子的心理感受，不注意语言的尺度，甚至被气愤冲昏了头脑，对孩子采取一些过激的行为。这样做，一方面，家长的情绪发泄出来了；另一方面，有些家长在使用暴力语言与暴力行动之后，似乎也会看到孩子的一些改观，但是这些改观大多是假象。孩子不是真的意识到自己错了，而是为了不挨骂、不挨打。事实是，孩子与家长的心理距离又远了一些，亲子关系又僵了一些，孩子更加不信任家长，内心对家长的做法更抵触。

这种情况在每个家庭中都出现过，要想缓和亲子关系，挽救家长负性情绪带来的不良后果，家长要学会向孩子道歉。

美国教育家罗达·邓尼曾说："父母错了，或者违背自己的诺言时，如果能向孩子说一声对不起，不仅能够帮助孩子建立自尊，同时还能培养孩子尊重他人的习惯。"

亲子之间发生矛盾没关系，重要的是如何解决这个矛盾；家长偶尔有负性情绪也可以理解，主动弥补负性情绪带来的后果很重要。

有些家长以全知全能的眼光要求孩子，希望孩子尽善尽美，孩子无法达到要求时，家长就会不管不顾地情绪爆发；当冷静下来时，家长就会向孩子道歉，有些家庭对孩子的教育就是这样循环反复的过程。那么，这种道歉是没有意义的，因为在孩子心中，家长的道歉很廉价。

最后，学会向孩子请教，必要时可以适当"装傻"，放手让孩子去尝试，发展孩子的自主性。

在孩子年龄较小时，这样的做法会激发孩子自主探究的欲望和浓厚的学习兴趣，也会让孩子增加自信心、自尊感。家长能够坐下来倾听孩子的想法，本身就是一种鼓励的行为。

在中学生尤其是高中生面前，家长展示真实的形象，遇到问题时可以听听孩子的意见，让孩子帮父母出出主意。这种示弱的方式，是一种实打实的家庭培养方式，这样可以让孩子独立思考，培养他独立解决问题的思维与能力。当家长在孩子面前展现出自己软弱的一面，展现出自己的不完美，甚至求助于孩子，让孩子为家长出谋划策时，孩子才知道，每个人都不是无所不能的，遇到问题可以通过与他人商量来合力解决。

家长切忌认为孩子还小，所有问题都包办代替，不相信孩子能够解决问题。还有一些家长对孩子面临的问题不懂装懂，这会让孩子更加反感，失去与父母交流的欲望。

"被需要"是一个人价值的体现。当一个人被需要时，他才会主动成长、主动应对这个世界，独立、自主的品质就自然而然地形成了。家长与其通过话语告诉孩子如何成长，不如通过行动告诉孩子他被需要、他有价值。这种内部驱动的力量、被需要的内心满足感及愉悦感才是孩子成长中的真正力量。

当然，家长还可以有很多种示弱的方式，因孩子的年龄、孩子的个性以及家长处理问题的方式不同而不同。

但是，**这种示弱一定是温和而坚定的，是遵守某种原则的，是有底线的示弱，而不是软弱。**对此家长要明确两点。

第一，家长必须有原则。这个原则不能由家长单方面决定，而要与孩子沟通后共同协定。原则一旦形成，就必须遵守。在很多家庭中，家长做事凭热情，教育孩子时各种规矩和要求层出不穷，督促孩子执行时却毫无原则。

第二，家长要明白，示弱的目的是让孩子有价值感，是让孩子更自信、内心更强大。所以，父母不能一味地迁就，一味地好说话，纵容孩子为所欲为，这不是示弱，而是软弱。

示弱，不是让家长放纵孩子，甚至被孩子完全拿捏住，孩子想怎么样就怎么样。**家庭教育是一个讲究度的哲学问题，适度才最好**。家长不能要求孩子成为一个完美的人，也不能以慈爱的心态纵容孩子的一切。

林清玄说过，"柔软的心，才最有力量"。但是在教育孩子时，这颗柔软的心还需要有坚持的毅力、坚定而温和的态度，这样的教育才是合适的教育。

Chapter 2 | 乐学篇 |

激发孩子的学习动力

学习动力是推动孩子前进的力量，可以使孩子从"要我学"到"我要学""我爱学"。家长要远离功利心，有意识地利用外部动力激发孩子的学习热情，并通过鼓励、引导让孩子亲自参与新知识的发现、新问题的解决，体验到成功的喜悦，享受到学习的乐趣，从而把学习当成自身的需要，将外部动力转化为内部动力，成为助力孩子一生成长的稳定力量。

01 | 孩子为什么会厌学

Case

　　一位高二的男生，在初中时成绩优秀，也很听话，以非常优秀的成绩考上了重点高中。到了高中之后，他由于成绩优异被分进了实验班。但是好景不长，进入高二之后他就开始出现各种反常行为：上课时不愿意听讲，也不喜欢老师；回家后不想写作业，因为玩手机游戏已经和家长发生了几次冲突，经常和妈妈商量能不能不去学校了，在家里自学。对此，家长头疼不已……

　　这样的情况，在许多家庭都发生过。许多家长越来越感觉孩子不听话，不爱学习；许多老师也觉得现在的学生越来越难教。究其原因，是许多孩子产生了厌学情绪，上课时心不在焉，回家后不愿意写作业，不把考试当回事儿，对学习提不起兴致。

　　孩子们为什么厌学？

　　从科学上分析，导致厌学的因素是多方面的，有主观的，也有客观的。家庭教育环境、周围环境及各种媒体的流行等都是外部的客观原因。

如果家庭的氛围不好，比如夫妻关系不和、亲子关系紧张、家长喜欢打麻将等，在这种家庭氛围中，孩子没有愉快的心情，如何有好的学习状态呢？一个充满负能量的家庭如何培养出乐观向上的孩子呢？

如果一个孩子所在班级学习氛围不好，家里帮忙照看孩子的家人也都不关心孩子的学习，你让孩子如何聚精会神地投入学习？

外部因素固然发生作用，但是厌学最根本的原因，还是学生的内在心理因素。

学生的厌学，突出一个"厌"字。"厌"是一种心理状态：厌烦、厌倦、讨厌。学生为什么会"厌"呢？原因一定是多方面的，但这些原因的共性是，学生在学习上形成了"习得性无助感"。通俗地讲，孩子不是无缘无故就厌学，他也不想厌学，他也很痛苦，他的厌学是"习得性无助感"导致的。

什么是习得性无助感呢？

人们往往把多次遭遇失败后，一个人所表现出来的对自己怀疑、否定和沮丧的态度，以及任由他人摆布的状态称为习得性无助感。孩子从多次受挫、失败的经验中得出一个结论：无论我如何努力都无济于事。

心理学家做过一个实验：将一条饿极的鳄鱼和一些小鱼放在水族箱的两端，中间用透明的玻璃挡板隔开。刚开始，鳄鱼毫不犹豫地向小鱼发动攻击，它失败了，但毫不气馁；接着，它又向小鱼发动了更猛烈的攻击，它又失败了，并且受了重伤；它还要攻击，第三次、第四次……多次攻击无望后，它不再进攻。这个时候，心理学家将玻璃挡板拿开，鳄鱼仍然一动不动，它只是无奈地看着那些小鱼在它的眼皮底下悠闲地游来游去，放弃了所有努力，最终活活饿死。

习得性无助感是如何产生的呢？是长时间挫败体验的积淀。有的孩子尽管才十几岁，但是遭遇失败的经历可能已数不胜数。有的人最早受挫的时间可能要追溯到小学，或许是每次考试总是失败；想有所表现又总是坍台；失败时没有得到理解、安慰和心理上的支持，反而受到家长的责备或老师的批评，也许这些责备与批评是善意的，但是却造成了对他们的打击。他们在失败后会敏感地感受到歧视的眼光、鄙夷的指责，他们如芒在背，渐渐对自己的能力怀疑起来：自己是不是太笨、太傻？他们渐渐对自己失去信心，对任何事情都灰心丧气、无精打采、冷漠消极起来。屡次失败带来的感觉不仅彻底粉碎了他们自幼植于内心的美好希望，而且彻底粉碎了他们在成长中的自信感。

家长看到孩子没学好，习惯性地失望或指责，会让孩子体验到挫败感。所以我们应该清醒地知道，**孩子害怕的不是挫折，而是挫折之后的或显性或隐性的指责。**家长是否发现，没有一个孩子因为游戏失败的挫败感而"厌游戏"，因为往往没有人在他游戏失败之后批评他、指责他，游戏公司还会设计让他"再玩一次"的功能，鼓励他再尝试一次，所以孩子就不会"厌游戏"。如果一个孩子没有成功的体验，总是在品尝失败的苦果，同时被否定与指责，他会认为学习也白学，努力也没用，因此缺失学习动机、转移学习兴趣，对学习感到彻底无望。久而久之，他在学习上就会形成"习得性无助感"。

孩子厌学与学习压力过大的关系最密切。由于学习压力过大而产生厌学情绪主要通过以下四个途径。

一是孩子学习没有足够的动力。学习压力过大时，孩子知道目标不可能实现，索性就不要目标了。没有了目标，孩子当然就没有了学习的动力。所以家长给孩子制定再高的目标也没用，反倒促生了厌学情绪。

二是学习兴趣发生了转移。当孩子在学习方面产生无助感并消沉时，面对外界强大的诱惑，他的兴趣会发生转移，可以通过转移到游戏等领域寻找快乐。因此厌学的孩子一方面大多自制力差，迷恋游戏、上网等，另一方面也可以通过打游戏获得他平时奢望的愉悦感。人的生活总是需要一些快乐来支撑的，在学习上体会不到，他自然就从其他的途径获得。学习兴趣转移的结果是，孩子不仅对学习不感兴趣，甚至还讨厌学习、反抗学习。

三是学习无望后的放弃。一部分产生厌学心理的孩子，努力过也洒过汗水，但无论怎么奋斗，仍然常常失败，很少甚至没有体验到成功的欢乐。一次次的失败，无情地击碎了他们的进取心，如果家长此时没有及时地鼓励与支持孩子，他们就会对失败做出不正确的归因——认为自己天生愚笨、能力不强，不是学习的材料，因而主动放弃了努力，破罐子破摔起来。也有一部分孩子，同样努力过，也曾经取得自认为可以的成绩，但是由于学校及家庭并没有及时给予其鼓励，便逐渐丧失了动力。

四是逆反心理导致的抵抗性放弃。有一种社会现实，家长朋友们可以去反思一下：许多家长望子成龙、望女成凤心切，于是对孩子提出不切实际的要求，当孩子达不到时，便采取逼迫性的措施。有些孩子能够忍受，有些孩子干脆"死猪不怕开水烫"，觉得反正达不到要求，索性放弃追求。有些家长对孩子不仅抱有过高的期望，而且具有一定的功利意识，这种意识容易使孩子产生逆反心理而厌学。当然还有一些孩子是因为家庭内亲子关系紧张或家庭不和谐而产生了逆反心理。

除了学习压力导致的厌学现象，孩子在人际关系中受挫也可能导致放弃学业。有些孩子由于与同学或老师在人际交往方面发生过冲突，或者体验过强烈的不公正感和挫折感，变得不喜欢学校，回避学校生活，不愿意面对学校中的一切，包括学习。

习得性无助感是厌学现象产生的主要原因，不同个体产生不同程度厌学的原因是存在差异的。

对家庭环境、外部环境及习得性无助感的分析只能说明普遍性的原因，遇到厌学的孩子，我们还需要根据实际情况进行具体分析。

02 | 如何让孩子不厌学

　　每一位家长在教育孩子的过程中都有过困惑，或者正在困惑，孩子厌学只是其中之一。多年来，我在与家长的深入交流中发现，每个家长都期待有一种好方法可以解决教育难题。既然是难题，必定是日积月累形成的，怎么可能一朝一夕就豁然开朗呢？

　　因此，孩子出现了问题，家长应该首先反思自己的行为。当然，片刻的反思不起任何作用，持续的反思及后续的调整才是解决孩子问题的关键。当孩子出现了厌学行为时，这已经不是孩子个体的问题，而是孩子与家长的关系出现了问题。

　　下面我想从两个角度谈一下我的建议，指导孩子和家长自身进行调整。

　　第一个角度：指导孩子进行调整。

　　首先，指导孩子对学习进行正确归因，树立孩子的自信心。

　　个体在每一次行动后，无论成功与否都会进行归因，这是习惯性思维的结果。如果孩子能够进行正确归因，将有助于推动他继续保持良好的学习状态；而错误的归因，往往会抑制接下来的学习行为。孩子应该将学习成败归因于自身努力，成功了，是努力到位；失败了，是努力不够。这样，无论成败，孩子的内心都不会被挫败感左右。家长在评价孩子时，不要总将成绩的好坏归因于能力，否则，成功了可能助长孩子的骄傲情绪，失败了孩子就会产生颓废心理，而后者极易导致厌学心理。当孩子认为自己天生愚笨时，一定会灰心丧气，失去继续学习的勇气。

其次，引导孩子寻找适合自己的学习方法。很多孩子经历多次失败后会产生习得性无助感，不想再尝试，家长与孩子很难摆脱这个困境。如果换个角度，引导孩子找到一个适合自己的学习方法，找到科学用脑的方法，让孩子在学习中体验到调整方法带来的成效，厌学心理问题自然就迎刃而解了。

这里给出两点建议。一是要指导孩子学会科学利用时间。在大脑兴奋、精力充沛时（如早晨与上午），让孩子进行创造性的学习任务，使学习紧张而富有弹性；在精力不足、大脑有些疲劳时（如下午 1 点到 3 点之间），就让孩子进行一般性的日常学习任务，如整理材料、摘录等，使孩子的大脑得到充分"休整"，精力得以恢复，在孩子疲劳时不要强迫孩子学习。二是不要让孩子在学习上急于求成。要循序渐进，储备足够的、能够深入研究的知识，制订科学的学习计划，并保证计划的有序性、节奏性及弹性，这样就会克服过于功利的心理。只要孩子不急于求成，取得一定成绩时就会产生成就感，就会有更强烈的进一步学习的兴趣和动机。

第二个角度：家长自己要进行调整。

首先，为孩子学习提供良好的家庭环境与外部环境。

在"孩子为什么会厌学"一节中，我已经对家庭环境与外部环境做了一个简单的分析。其实，很多家长都知道良好环境的重要性，只是提供不了，或者忽视了而已。家庭环境与外部环境的营造对家长来讲真是一个考验。想让孩子不厌学，家长也需要一定的意志力，家长不自律，如何苛求有一个自律爱学的孩子呢？

有些家庭经常将夫妻矛盾摆在孩子面前，甚至让孩子来评判，对于一个思维尚未成熟的孩子来讲，这对他的影响比打骂更大。此外，家长应该帮助孩子选择好邻居和好朋友。让我们共同努力，为孩子创造一个良好的外部学习环境吧！

其次，通过各种方式给予孩子体验成功的机会，以此激发孩子的学习动机。

现在的家庭教育存在一些误区，有一些家长溺爱孩子，对孩子娇生惯养，这样的孩子在学习中遇到困难和挫折就轻言放弃。北京工业大学心理咨询中心主任、中国人才研究会超常人才专业委员会理事长贺淑曼说过，大部分厌学情绪还是来自教育的失误。问题出在哪儿呢？一方面，只要是不涉及学习的方面，家长就对孩子百般溺爱，在生活中尽量为孩子减轻负担，结果就是孩子的事情父母包办代替，孩子本应体验的挫折经历越来越少，抗挫折能力越来越差；另一方面，当面对孩子的学习时，家长对孩子的期望值又很高，希望自己的子女将来有出息，在学习上要求子女取得好成绩，超越别人。这种矛盾的教育方式，既放纵又严苛，既溺爱又加压，让孩子无所适从。

厌学情绪的形成大多是由于孩子在学习上反复体验挫折、缺乏成就感，因此家长应该经常给孩子一些成功的体验，当孩子学习或行为上有进步时，要及时给予表扬。当孩子成绩不好或在人际关系等方面遇到挫折时，家长不能不分青红皂白地对孩子非打即骂，否则会给孩子增加心理压力，使孩子不堪重压、自尊心受损，厌学的情绪随之产生。家长应该寻找孩子的优点，看孩子在哪些方面进步了，在哪些方面退步了，对进步的地方给予肯定，对退步的地方给予鼓励，让孩子充满勇气。这样才能激发孩子的学习动力，让孩子不轻言放弃。

学习动力源于家长的鼓励、支持和孩子自身的努力。相信你的孩子，你的孩子才会相信自己。北京教育学院季苹教授建议家长在教育中不要过分重视某一件事情的结果，要更关注孩子在学习过程中遇到的问题和苦恼，随时掌握孩子的心理变化。尤其是孩子在思想意识上已经有独特见解时，家长不要把自己的思想和观念强加在孩子身上，要多听听孩子是如何思考的，了解他的想法。如果发现孩子的想法有不正确的地方，家长再加以讲解和辅导。对孩子的关爱和体贴会减少孩子的厌学情绪。

再次，给孩子积极的心理暗示。

暗示有积极意义，也有消极意义。家长反复使用消极暗示，孩子内心长期积累的失败感体验会导致厌学。有些时候家长无意识地给孩子消极暗示，比如考试之前总是叮咛孩子"千万不要紧张"；当孩子学习成绩不好时，家长忍不住斥责他"笨得不行"，这些都是消极暗示。

厌学情绪往往与考试焦虑连在一起，家长不要以一次成败论英雄，过于担心、焦虑不仅于事无补，而且还会影响孩子的学习状态，有百害而无一利。

最后，引导孩子树立正确的价值观，相信付出才会有收获，不要将你的负能量带给孩子。有些家长把家庭当作工作压力及负能量的释放空间，在潜移默化中将不正确的价值观传递给孩子，让孩子对未来、前途失去信心。

各位家长，你要相信，付出就会有收获！相信自己、相信孩子，我相信越来越多的孩子会远离厌学，每个孩子都会体会到学习的乐趣，每个家长也会体会到做家长的乐趣。

03 | 远离功利心，理性看待成绩

Case

考试之后是许多家庭内部矛盾丛生的时间段。孩子们和我说，考试没考好时，家长脸色和语气自然不好："平时让你好好复习你不听，现在知道自己错了吧？""怎么总是你考不好，好好找找原因吧！"即使有些孩子考好了，家长的语言也"危机四伏"："不要考得好就忘乎所以，排在你前面的同学多着呢！"最让人无语的是，哪怕是学校里大家公认的学霸，他考不好时，家长的语言也是尖酸刻薄的："要是高考考成这样，你不就考不上顶尖大学，不就完蛋了吗？"

还有一些家长表面上不在乎孩子考试成绩，内心却十分在乎，且有贬低孩子所取得成绩的趋向。有些家庭的整体教育方向就是打压，每次考试之后给孩子增加各种补课班，希望通过打压激发孩子更大的潜能。我不能不留余地地说，家长对待孩子成绩的这种方式对所有孩子都是灾难；但是我可以肯定地说，这种方式会给孩子，尤其是优秀的孩子带来极大的内在与外在的双重困扰，是在给孩子拖后腿。

理性地分析一下，家长为什么这么在意孩子的成绩？有的家长一定会说，孩子自制力差，这么做都是为孩子好，为孩子的长远未来进行规划。

我认为每个家长都希望自己的子女是优秀的，这是可以理解的。但是过于在意孩子成绩、违背教育的规律，甚至不顾孩子的实际能力，不切实际地揠苗助长、让孩子痛苦不堪，这样的家长就是功利型的家长。

功利型的家长有哪些心理特点与外部行为呢？

第一，有些家长更注重自己的面子，孩子的成绩是满足自己虚荣心的工具。这类家长愿意和别人比孩子的成绩，当孩子成绩好时，恨不得让全天下的人都知道。有些家长认为，如果自己的孩子不能考上知名大学，自己会在同事面前抬不起头来。因此他们非常关注孩子的成绩，当孩子成绩不如意时，他们从不会考虑孩子的感受，直接对孩子进行指责，因为孩子的成绩让他们失去了面子。

第二，有些家长把孩子当作疗愈自己内心创伤的工具。这些家长由于原生家庭或成长环境等因素，在成长过程中经常被否定，所以他们是自卑的，但是不希望别人感知到，因此会通过各种努力证明自己。在外人眼里，他们的形象非常要强，他们自然也是要强的家长。其实，他们中的一部分人内心已经认为自己很难再有所突破了，于是将所有的希望寄托在孩子身上，希望孩子能够弥补自己年轻时的遗憾，希望孩子的表现能够让自己在别人心中略胜一筹。因此我们发现，在现实生活中，有一些孩子在别人眼里已经非常优秀，但是家长还不满足，因为家长很贪婪，希望孩子能够填补自己内心所有的缺憾。

当然，除了功利型的家长，还有一些家长之所以不断地给孩子施压，只不过是为了缓解自己的焦虑。

家长经常说为孩子好，但如果真是为孩子好，只需要尊重孩子的意愿就好了。最关键的是，**家长的功利与焦虑会让孩子失去学习的动力。**

那么，家长如何做才能理性看待成绩助力孩子成长呢？

首先，孩子的学习与成长要遵循规律，急功近利只会适得其反。我们都知道，不是吃很多碗饭，孩子就可以长得比其他孩子高；也不是吃很多有营养的食物，孩子的体质就是最好的。我们都知道孩子吃饱了不能再吃，因为需要消化，可是回到学习中，有些家长却见缝插针地把孩子所有的时间占满，甚至每门学科都安排补课教师，孩子吸收得了吗？

叶圣陶说，教育像农业一样。所以家长真要耐住性子，不要揠苗助长。

其次，孩子在学习中的内部驱动力是最重要的，但是家长过度在意孩子的成绩，试图以打击的方式激发孩子的斗志，是在消磨孩子的内部驱动力，使他们越来越不喜欢学习。所以，当下有些孩子不能活出自我，他们被家长逼着或拉着奔跑，痛苦不堪。**真正优秀的孩子依赖的都是自己的内部驱动力，是主动地奔跑、主动地寻找方向。**大部分能够考上顶尖大学的孩子，他们的家长在教育孩子方面一定是给了孩子足够的空间。

如果家长希望自己的孩子能够将所有潜能发挥出来，那么让孩子在前面主动去跑，家长在后面提供助力，以免孩子偏离方向，这样的方式岂不是更好？

最后，学习内部驱动力的形成依赖的是内部的兴趣和外部的中肯鼓励，孩子需要的是鼓劲儿而不是泄气。过分的挖苦和训斥，会无形中打击孩子的自信心，让孩子没有内部驱动力。不要盲目给孩子加压，压力不会转化为内部驱动力。

每个人都有些功利心，但是不能让功利心蒙住了我们的双眼，家长如此，教师亦如此。远离功利是大智慧。如果家长对孩子付出一点点就急着去看是否得到了回报，如果家长总是希望孩子按照自己的想法去做，一旦不符合自己的想法就失望、变脸，那么在这两种情况下，孩子感知到的都是家长传递过来的负性信息、负性情绪，即都是负能量。带着沉重的负能量，你的孩子还能振翅高飞吗？

当然，如果孩子考了高分，家长过分地炫耀，会让孩子无形中滋长骄傲情绪，对孩子来讲也是不利的。做一名合格的家长需要我们共同研讨、共同努力！

04 | 从外部驱动力的作用看激励效果

Case

有一句俗语叫"重赏之下必有勇夫"，很多家长也是带着这样的观点去教育孩子的：当孩子成绩好，在学校得到表扬时，家长也会给予相应的奖励；成绩越好，奖励越大。家长之间也会讨论，孩子考试结束之后应该怎么奖励孩子更合适。一位初二学生的家长曾经向我请教，他在孩子小学时一直用奖励的方法，非常有效；但是到了初二，好像奖励的作用越来越小，无论他如何奖励，孩子就是不爱学习。他想寻求我的帮助。

每个孩子的学习行为背后一定有某种力量的驱动，也就是学习动力。分析、明确孩子的学习动机有助于我们了解孩子学习的现状，甚至预判孩子未来的状况。而且，在现实生活中，孩子出现的许多学习问题与他的学习动机密切相关。

在学校，老师会讨论如何激发学生的学习动力；在家庭中，家长会研究如何通过各种手段激发孩子的学习热情，包括采取各种家庭奖励措施。那么，是不是只要有奖励就能提高孩子的学习成绩呢？

在回答这个问题之前，我想给各位家长介绍一个心理学中的经典实验。

这是著名的社会心理学家阿特金森所做的实验，他将 80 名大学生分成平均能力水平相同的 4 组，每组 20 人，让他们完成同样的任务。他告诉第一组学生，只有成绩为第 1 名的学生能得到奖励；告诉第二组学生，成绩为前 5 名的学生可以得到奖励；告诉第三组学生，成绩为前 10 名的学生可以得到奖励；告诉第四组学生，成绩为前 15 名的学生可以得到奖励。

那么，哪种奖励方式的激励效果最好呢？

根据阿特金森的实验结果，第三组学生所完成任务的质量最佳，说明这组的奖励方式的激励效果最佳。所以，科学实验告诉我们，对孩子进行奖励是要讲究方法的，不是所有的奖励都会发挥我们预想的作用。

对孩子来讲，如果某个奖励非常难获得，他就会认为努力了也得不到奖励，就会放弃这个奖励，这种激励方式自然不会发挥太大的作用（例如阿特金森的第一组被试）；如果获得某个奖励太简单的话，孩子则会认为没有挑战性，即使获得了奖励也没有什么成就感，所以激励作用也非常一般（例如阿特金森的第四组被试）。只有让孩子认为获得奖励具有挑战性，而且具有一定的成就感，他们才更有热情、更有动力。

在现实生活中，各位家长对孩子的奖励效果是不是和科学研究的结论相一致呢？

下面我们再来看 1945 年著名的心理学家邓克尔做的"蜡烛问题"实验（见图 2-1）。这个实验用于考查人们如何突破思维定式、提高创造力。实验是这样的：桌子上放着一盒图钉和若干火柴，还有一根随意平放的蜡烛。被试的任务是把燃烧的蜡烛连到墙上，并不能让蜡烛的蜡滴到地上或桌面上。

图 2-1　邓克尔的"蜡烛问题"实验

资料来源：平克. 驱动力 [M]. 龚怡屏，译. 杭州：浙江人民出版社，2018.

解决方法如图 2-2 所示，需要将盒子的功能从放图钉变成蜡烛台。

图 2-2　邓克尔的"蜡烛问题"的解决方法

资料来源：平克. 驱动力 [M]. 龚怡屏，译. 杭州：浙江人民出版社，2018.

后来，美国普林斯顿大学的研究者利用"蜡烛问题"对外部学习动机的效果进行研究，一共找了两组人做实验，两组人的平均能力水平相同。研究者告诉第一组被试，他们就是想看看完成这个任务所需要的平均时间；告诉第二组被试，如果顺利完成任务就可以获得一笔钱作为奖励。结果，承诺给奖励的一组反而比没有奖励的一组多花了3分钟才想到了解决方案——把盒子钉到墙上。

这个研究说明了什么？说明我们单纯利用奖励激励孩子不一定可取，用金钱激励或诱惑孩子，可能会使他们更加不爱学习，更加没有坚持力。"蜡烛问题"是一个难题，需要认真思考，反复尝试。没有奖励的小组能够坚持是由于自己对难题感兴趣，是喜欢这个思维挑战；而给予奖励的小组解决这个难题更多是为了外部的奖励。显而易见，**外部奖励的作用没有孩子自身的兴趣的力量大。**

所以家长仅仅告诉孩子"好好学习，未来才可以赚更多的钱"是不可取的，单凭金钱来激励孩子的学习热情可能会事与愿违。

一般说来，在孩子年龄较小的时候对他进行外部奖励可能会具有一定效果，但如果孩子要完成的任务比较难（如"蜡烛问题"），那么外部奖励可能会起相反的作用。

如果你想激励孩子，让他喜欢学习，不能单纯依靠物质奖励，更不能只通过金钱来解决问题。家长需要让孩子发现外部奖励以外的内部驱动力。爱因斯坦说过："我没有特别的天赋，只有强烈的好奇心。"这就是在强调内部驱动力的强大力量。

05 | 不要盲目给孩子加压

Case

　　一位家长打来电话说，孩子从学校的前百名滑落到学校后百名，甚至扬言不想去上学了。这个孩子的父母都是社会成功人士，对孩子要求非常高，也非常严格。所以当看到孩子摆烂、油盐不进时，父母先是非常愤怒，并采取了各种强制措施；发现没有任何效果时，他们进行了反思，找我进行咨询："老师，我们是不是给孩子的压力太大，才让孩子走到今天这个地步……"

　　2018 年，某城市，13 岁男生留遗书离家出走，父母苦寻多天没有消息，贴寻人广告向孩子道歉"回来吧，不逼你学习了"，但是孩子最终还是发生了不幸。这是一个极端的事件，但现实中类似的事件并不鲜见。有些孩子压力巨大，家长和老师不知道，还在双重施压，重压之下的孩子叛逆、成绩差，不想学习。

　　"有压力才有动力"是家庭教育中很流行的一句话，也是很多家长教育孩子的依据。有些家长会认为，自己的孩子是由于压力不足才缺乏动力、成绩不好，这似乎已经成为孩子成长的"公理"。这个"公理"从心理学的角度来讲并不合理。

第一，压力是一种带有焦虑反应的、让人不舒服的心理体验。

一个人产生压力，一定包含了三个方面：一是有压力的来源；二是心理上有明显的受威胁感，如果一个人认为一件事情是乐趣，这就不是压力；三是有焦虑反应。从这个意义上来讲，压力是让人非常不舒服的体验。所以家长给孩子压力时，孩子内心首先是非常不舒适的，甚至是排斥的。

第二，压力可以转化为部分外部驱动力，但是不能直接转化为内部驱动力。

动力就是一个人去做一件事情的驱动力量。这种驱动力量有两种，一种是内部驱动力，这是一个人发展的持续力量。比如有的孩子就是喜欢音乐或者对某个学科具有极强的兴趣与好奇心，这是发自内心的喜欢，这种驱动力与外界无关，是源于内部的。另一种是外部驱动力，比如有的人为了获得更多的薪酬去做一份枯燥的工作，这份工作可能是他不喜欢的，又比如有的孩子为了避免被父母责备或为了得到老师的表扬而努力学习，这种驱动力是依赖于外部的奖惩刺激的。

外部驱动力的特点是，人一直是被动的，做事并非出自本人意愿，所以不能从中得到乐趣，甚至会从中体验到强烈的痛苦。一般来说，外部驱动力的作用时间比较短，很快就会失去效果。

内部驱动力的特点是，人对活动本身感兴趣，能在活动中体验到乐趣，其实质是一个人主动发起的对自我的挑战，因此可持续性强。

内部驱动力才是发展的持续力量，依赖外部奖惩刺激的外部驱动力并不稳定。所以我们要培养孩子的学习动力，主要是指内部驱动力。

刚才我们讲到，压力一定会让孩子有受威胁感并产生焦虑反应。在"孩子考前焦虑怎么办"一节中，我提到"中度水平的焦虑反倒可以使一个学生学习效果或考试效果非常好"。在现实中也确实如此，有些孩子在压力作用下，学习效率提高了，学习成绩也有了进步。此时的压力转化为了动力，但是这种动力是来源于外部的刺激，是外部驱动力，是不稳定的。

所以，即使孩子在压力的作用下取得了优异的成绩，大多也是暂时性的，仅有一两次而已。而有的孩子在压力作用下产生强烈的不愉快感和抗拒感，外部驱动力产生作用的时间还会更短。所以家长需要谨慎地选择以压力提高孩子学习效果的方式。

第三，当我们过度强化外部驱动力时，外部驱动力可能会取代内部驱动力。

这种情况是家长必须警惕的一个现象。大家可能都听到过一个故事。

一群孩子每天朝一位老者的房子扔石头，开心至极，但是这位老者不仅不生气，反而对这群孩子承诺"每扔一颗石头，就会得到一块钱"，于是孩子们每天扔完石头后，就会领到奖励，开开心心地回家。第一天如此，第二天还是如此……直到某一天，孩子们扔完石头，老者不再给他们奖励，这群孩子非常生气，失望地走了，再也不肯来扔石头了。

对这个故事进行分析，孩子们最初是主动地去扔石头，本是内部力量驱动的行为，但是老人却用外部驱动力强化孩子们的行为，让孩子们的行为变成由外部力量驱动，孩子们的内部驱动力被直接破坏掉了。后来，当老人不再给钱，外部驱动力失去时，孩子们就不再扔石头了。

这就是一个内部驱动力转化为外部驱动力的例子。靠压力提高孩子学习成绩的负面影响就在于此。其实有些人已经发现，外部压力会让孩子慢慢地忘记自己的内心真正需要什么、渴望什么，他们会在压力作用下机械应对。所以很多家长给孩子报了课外班、聘请了补习老师，增加了各种学习任务，家长和孩子都身心俱疲，但是孩子成绩不升反降，因为孩子学习的内部驱动力消减了，而内部驱动力才是推动一个人持续发展的真正力量。

如果有些孩子一直在外部压力作用下成长，有一天突然没人给他们压力时，他们反而不知所措、空虚寂寞，失去了自己的方向与目标。

第四，长期的过度压力会使孩子产生不同程度的心理问题。

人的内心是贪婪的，当家长给孩子压力并看到成效时，家长就会得出结论——孩子还是需要压力的，压力越大，成绩越好。有的家长永远不满足于孩子的现状，哪怕他们的孩子已经非常优秀了，他们还希望通过压力让孩子再上一层楼，于是给孩子施加的压力水平在不知不觉中提升了。

我们知道，人能承受的压力是有限度的，一旦压力超过这个限度，它就会给人的身心带来负面影响。长期的过度压力会导致疲惫感、焦虑感、倦怠感、睡眠障碍、免疫力下降、抑郁情绪等，严重的情况下，过大的压力还会导致心理创伤。在多年的心理教师生涯中，我看到了太多的孩子直接或间接由压力引起厌学、焦虑、抑郁，在痛苦中徘徊……

有些家长和我说，他们看到了一些抗压能力很强的孩子，只是非常遗憾自己没有遇到那样的孩子。我想说，有些孩子之所以抗压能力很强，并不是简单地因为"压力变成了动力"，他们的抗压能力一定是建立在责任感、兴趣或热爱的基础之上的。家长请试想一下，如果你自己特别不喜欢做某事，但是别人就是要求你必须完成它，那个时候你的内心是有动力，还是很压抑？

驱动孩子一切行为的真正力量和持久动力只能是他内心的态度，外在的约束与压力对孩子的作用只能是一时的。因此，家长给孩子压力一定要适度，要因人而异。当部分压力转化为外部驱动力时，家长不要盲目加压，而是要学会适时引导，这样才有可能将孩子的外部驱动力转化为内部驱动力。

06 | 激发孩子学习的 内部驱动力

有家长问我："有时候老师不经意的表扬话语就能激发孩子的学习热情和动力，而我也经常夸孩子'你很棒'，孩子却嗤之以鼻，这是什么原因呢？"原来有一次，他的孩子做出来一道物理题，这道题有些难度，孩子却做了出来，老师在课下拍拍孩子的头说："看不出来你学物理还有点潜力呢。"从此以后，这个孩子对物理学科有了极大的兴趣和耐心，坚持做题，遇到问题就问，结果真的成了一个物理成绩非常突出的孩子。家长说："是不是我们真的没有发现孩子的潜力呢？我在家里也经常说他很棒，却没有效果。"

外部驱动力的实质是一种拉力，相当于在孩子成长的道路上，家长拉着孩子往前走。当孩子自己想放弃、放纵时，家长的这种外部拉力可以在一定范围内使孩子不偏离方向、不放弃行动，有一定的效果。

但是**内部驱动力才是使孩子走得更远的真正推动力量。**

如果你希望自己的孩子在未来的人生征途中可以走得更远、飞得更高，必须激发孩子的内部驱动力。热爱与兴趣是孩子的内部驱动力，更是一个人发展过程中自我推动的真正力量。

如何激发孩子的内部驱动力？

建议一：必须在孩子成长的过程中给予孩子一定的自主权。"内部驱动力"源于孩子的内心，以孩子主动、自发为特征。当一个孩子有内部驱动力时，他会积极主动地设定目标、制定规划、自主行动，不需要家长给压力，更不会在乎家长是不是给予奖励。有些孩子喜欢"cosplay"，孩子们喜爱的服装带有新时代年轻人特有的创新元素，他们节约下来的钱都用于自己的爱好；有些孩子喜欢制作各种艺术作品，可以说创意无限，我在他们的朋友圈中看到无数让我惊喜的佳作，因为那些是孩子们喜欢做的事情，他们不会厌倦，更不会拖延。

因此，如果让孩子有兴趣，家长必须适度放手，给孩子一定的空间。我对此是深有体会的。在我儿子小学一年级的时候，我就将零花钱的支配权给了他，限制一周的总量，每天如何支配由孩子自己说了算；后来小学二年级选择课外班时，由他自己试听并决定是否上这门课，我不会强求他，因为我知道，一旦变成强迫，孩子内心就是不愉快的，不愉快怎能学得好呢？他上初中时，开始流行平板电脑游戏，我将玩平板电脑游戏的支配权也给了他，一周玩游戏的时间总量由我们两个商量决定，每天玩的时间由他自己决定。现在，他是一个节俭且自律的孩子。

当然，在学习方面，从小学低年级开始，我就帮他制订学习计划，列任务清单。我给他的自主权是，一天的学习任务总量是固定的，他可以自主选择写作业和做练习的时间。我记得非常清楚，这样的培养坚持到小学五年级下学期，他就学会了在最短时间内完成规定的任务。在小学五年级的暑假，他会早上 6 点半起床，光着脚就开始写作业，争分夺秒，中午之前就完成了全天的学习任务，下午会开开心心地和爷爷去南湖公园玩。因此他在高三的时候，也能保证学习的高效率，每天晚上 10 点前上床睡觉。更重要的是，所有的事情都是他自主规划与设计的。

对于已经进入初高中的孩子，自主权更加重要，给予孩子自主权标示着对孩子的尊重与信任。被尊重与信任会给孩子带来力量、勇气及自律。

建议二：家长要把握鼓励与批评的黄金比例。

研究表明，孩子内部驱动力的形成与两个因素有关，第一个因素是在学习过程中的成就感。成就感是孩子成长过程中的催化剂，有了成就感，孩子才会有兴趣，才会热爱。第二个因素是来自他人的鼓励与肯定。所有人都知道，给予孩子鼓励非常重要，这是让孩子形成内部驱动力的关键。

有些孩子对学习没有兴趣、讨厌学习，就是很多家长吝于鼓励，或者不自觉地对孩子抱怨和批评太多造成的。所以，如果想让孩子自律、对学习有兴趣，家长需要自制，控制好自己的情绪、表情与语言。

那么，有些家长会说："我也鼓励孩子了，效果并不好。"使用鼓励与批评的技术关键在哪儿？在二者的比例上。

在心理学中，有一个非常有名的术语叫"洛萨达线"。著名心理学家洛萨达指出，当积极情绪与消极情绪的比例是 17 : 6 时，一个人在情绪和行动上是最积极向上的。17 : 6 的数值约为 2.9013，这个数值被称作心理学的魔力数值。

鼓励带给孩子的是积极的情绪，批评带给孩子的是消极的情绪，因此，心理学中有一个说法，就是当一个家长或老师想批评一个孩子时，前面需要对孩子已经有三次鼓励语言或行为。这样会让孩子的内心体验较好，对于批评也更容易接受。

当一个孩子的积极情绪与消极情绪的比例低于 17 : 6 时，孩子就会很消极。比值越低，孩子越消极。这时很多家长就可以理解了，为什么有些孩子自卑，有抑郁情绪，不开心，这与家长的鼓励少、批评多密切相关。

但是家长要切记，并不是积极情绪与消极情绪的比值越高，孩子就越快乐。事实上，当积极情绪与消极情绪的比值过高时，人还是会迅速陷入消极。也就是说，如果家长对孩子全是鼓励，从不批评，那么孩子的外部表现依然是消极的，鼓励不具备任何的效力。这就是具有魔力性质的洛萨达线，"刚刚好"才是真的好。

每一个孩子的热爱与兴趣都与家长的鼓励密不可分，每一个孩子的自信与阳光都与家长的科学鼓励密切相关。当孩子在压力作用下取得一定成绩时，孩子内心的成就感与家长的科学鼓励可以将孩子的外部驱动力转化为内部驱动力！

07 | 积极的心理暗示
激发孩子潜能

Case

一位家长问我："为什么我的孩子有些自卑，而我好朋友的孩子却非常自信呢？"在咨询中，我和她的孩子面谈时发现，这是一个做什么事情都没有信心，也不敢去尝试，因此失去了很多机会的女孩子。其实经过几次的咨询，我发现这个孩子的能力并不差，学习成绩也说得过去，可是我在孩子身上看不到自信，孩子对自己的评价也经常是否定的，更多的时候在说自己的缺点。这个自卑的孩子的父母也经常说："为什么我们家的孩子就不如别人呢？真是没有办法。"这句话，这位家长在刚见到我时就说了许多遍。

这个案例讲的是心理暗示在孩子成长过程中有巨大作用。

什么是心理暗示呢？心理暗示在生活中十分常见。我们时常暗示自己和别人，也在接受别人的暗示。例如，有人在早上看见你，说你精神状态很好，那么可能在这个人的暗示下，你全天的状态都非常好；有人在早上看见你，说你脸色不好，你可能全天都感觉身体似乎真的不舒服。再比如，一位长相一般、自卑感很重的女孩子，一次无意中听到别人夸她有"气质"。"气质"二字给了她莫大的鼓舞。从此，她开始注重自己的衣着打扮，尤其注重自己的内在修养。渐渐地，她真的变得越来越漂亮，越来越有气质了。事实上，那句夸奖可能只是一句客套话，但那句客套话却转化成了她的自我暗示，成为她克服自卑心理、重塑自我形象的助推剂。可以说心理暗示是具有神奇力量的。

　　知道了什么是心理暗示，下面我们来分析一下开头的案例。我在这个案例中提到，那个女孩子的父母一直在孩子面前强调自己的孩子不如别人，孩子自己也在强调自己的不足。共性就是一直在有意无意地否定着孩子。如果我没有猜错的话，这个孩子的父母在孩子的成长过程中也经常有这样的表达。例如家长可能经常说："你为什么总是不如别人呢？你怎么什么都做不好呢？"这些其实在孩子的成长过程中是一种消极的心理暗示。正是这种消极的心理暗示造成了孩子自卑、不自信的心理。

　　研究表明，一个人的自信与他成长过程中所接受的心理暗示有关。如果一个人经常接收到消极、否定的心理暗示，经常被别人认为能力不行或自己认为自己不行的人，在自己和他人的消极暗示下，他就会在内心否定自己，而形成自卑的心理，正如案例中的自卑女孩。如果一个孩子接收到的都是别人的鼓励和赞许，那么他就容易形成积极、自信的心理，哪怕有时候这些暗示是不经意间说出来或表现出来的。

　　心理暗示有多大的力量呢？

美国心理学家罗森塔尔在一所小学里对一至六年级的学生进行了一次煞有介事的"发展测验"，等测验结束后，告知教师根据本次发展测验的结果，列出了一个最有优异发展可能性的学生名单，这个名单上的学生大约占全校学生的20%。教师们看了看名单，感到很不可思议，因为名单上的一些学生平时学习成绩很差。罗森塔尔的解释是："我们预测的是他们将来的发展，而非现在的情况。"教师们打消了疑惑。

发展测验结束8个月后，罗森塔尔对这些学生的学习成绩进行了追踪检测，结果发现名单上那20%的学生，学习成绩都有了明显的进步。其中，就连过去学习成绩不好、自信心很差的学生，也表现出较强的好奇心和求知欲，与同学们的关系变得更融洽，对班级的责任感进一步增强，学习成绩也大大地提高了。

罗森塔尔真的能预测学生的未来发展吗？事实上，名单上的学生是罗森塔尔随机抽取出来的。罗森塔尔是美国心理学界的权威人士，权威人士的结论引起了教师的高度关注，调动了教师对这些学生的感情。同时，教师将这种感觉传递给家长，教师和家长在对待孩子的行为上均发生了改变，对孩子的信心增强。这种感觉传递给了这些学生，给了他们一种积极的暗示，从而转化为他们的一种自我暗示。这些学生不论是在课堂上，还是在课余时间与老师、家长的互动中，都深切地感受到了与众不同的关爱，在不知不觉中接受老师和家长的暗示，增强了自信心和学习动力。这种效应被称为"罗森塔尔效应"。

在培养孩子自信心的过程中，心理暗示是一个非常重要的心理过程。家长是孩子成长过程中的第一任老师，孩子接受到的暗示信息最早源于家长，最大量的信息也源于家长。

家长如何对孩子进行积极的心理暗示呢？

根据暗示对象的不同，暗示一般可以分为自我暗示和他人暗示。你对自身的暗示为自我暗示，别人对你的暗示为他人暗示。但一般说来，别人对你的暗示会转化为自我暗示，最终的作用都是通过自我暗示实现的。

暗示根据暗示方式的不同，可分为语言暗示和行为暗示。一般说来，家长对孩子的暗示也是通过语言暗示和行为暗示实现的。

什么样的语言能够产生积极的心理暗示呢？

积极的心理暗示首要的是对孩子做出及时、准确、具体的肯定，从而让孩子能够自我肯定。自我肯定是一种非常有用且能有效地提升自信的技巧。家长可以通过向孩子重复暗示一些积极的话语来代替孩子头脑中已有的消极想法，从而改变孩子的习惯、生活态度和自我期望。简言之，就是有意识地运用积极的语言来改变孩子。当然，我认为，家长首先应该改变自己，给予自己积极的心理暗示，否则输出的暗示语言就可能是消极的。积极的语言暗示的要点主要包括以下几个方面。

第一，自我暗示每句以"我"开始，比如"我是一个乐观的人"。如果给孩子积极暗示，要以"你"开始，比如"你是一个有潜力的孩子"。这样的暗示才会直接产生作用。

第二，要用最简短的话语、最精练的句子。人的大脑接受心理暗示的过程中，本质上只有核心词发生作用。例如，孩子考试前，家长说："孩子，今天考试你千万别紧张。"这本是安抚情绪的语言，但是在家长说出这样的话语后，很多孩子开始紧张了，因为在这种暗示方式下，印刻在孩子脑海里的是"紧张"这个消极的意念。因此，家长不提还好，提了反倒事与愿违，让孩子更紧张。所以家长只需要说"你要放松""你要相信自己"。

第三，要用肯定的、正面的句子，不要用否定词语"不""没有""不要"等。 家长如果说"孩子，我对你从来没有失望过"，这种暗示的作用就是引起"失望"的情绪。正确的做法是，家长只需要说"我对你充满希望"。

第四，要强调"当下"的作用，不要总用憧憬未来对孩子进行暗示。 例如家长可以用"我感觉你的英语成绩正在逐步提高"来代替"我认为你的英语成绩将会提高"。前者的暗示更有力量。

第五，要坚持对孩子进行积极的心理暗示。 一次心理暗示的作用不大，每一天都要以正向、积极、肯定的态度对待孩子，而不是偶尔为之。如果是长期的行动，家长需要让头脑中的观念与行动保持一致。如果家长不认同积极的心理暗示对孩子的正向影响，只是想起来就说点儿孩子爱听的话，那么你的"偶尔为之"的暗示不仅不会产生作用，甚至还会让孩子反感。

以上为语言暗示，除了语言暗示，家长还可以采用行为暗示。我们讲的罗森塔尔测验就是行为暗示的一个典型例子。行为暗示的作用也很大，家长在教育过程中要言行一致，不能"心口不一"。家长内心相信孩子，内心充满正能量与希望，孩子就会从家长无意识的行为中汲取力量。这种力量就像强大的内部驱动力，把孩子内在的潜力和创造力都激发出来。当然，所有的心理暗示都需要行动来配合，需要努力与付出，孩子们在行动的过程中得到父母的正向激励，才能走向成功！

08 | 家长越用力，孩子越没兴趣、没动力

Case

　　王同学的故事是他妈妈讲给我听的。王同学曾经是父母的骄傲，是很多同学眼里的"别人家的孩子"。从小学到重点高中，他一直勤奋、用功，成绩优异。他的父母也非常"给力"，在学校附近租了房子，妈妈全职陪读，儿子晚上学习到几点，妈妈就陪伴到几点。高昂的一对一补课费用，父母连眼睛都不眨一下就花出去。即使在过年期间，各种学习计划都是满满的。他父母说，他们希望孩子未来没有遗憾，因此不断地在孩子懈怠时提醒他，退步时指出他的问题，甚至动手打过孩子，希望孩子能够成长得更优秀。就是这样一个孩子，却在高二时颓废了，终日与游戏为伴。家长不能理解，这是如何发生的？

　　家长太过用力，让孩子丧失了最宝贵的东西——学习动力。这

样的情况在很多家庭中都可以看到。孩子小小年纪消极懈怠，充满负能量，是因为父母将自己的情绪垃圾传递给了孩子；孩子在高中阶段抑郁、厌学，是因为家长一直为孩子设定超过孩子能力的目标与规划；孩子考前焦虑难抑，是因为潜伏在家长心底的焦虑情绪更严重。家长在养育孩子的过程中感到纠结、无奈、紧张与压力，发现自己越用力，孩子越没兴趣、没动力，离家长的期待越远。

家长如何改变，孩子才能有转变？以下几个建议供大家参考。

首先，改变和孩子交流的方式。

家长平时都是有理智的，都会将"爱"发挥到极致。最考验家长的是当孩子出了问题、犯了错时，家长如何与孩子交流和处理问题。

当孩子犯错、成绩下滑、出了问题时，大多数家长的处理方式是这样的：无法压制自己的情绪，不吐不快，有些父亲恨不得上去打孩子几下才解气。于是家长批评、指责、翻旧账，列举孩子更多的错事，以此让孩子认识到错误并改正。这样做，对于小学生来讲，在短时间内可能会有一点儿效果，但是对于进入青春期的孩子来讲，家长反复的指责就是对他们刚刚形成的"自我"最大的打击，无异于证明了他们的努力换来的只是不堪。孩子必然会反抗，必然会保护自己受伤的心灵，所以冲突在所难免。

我认为，家长此举是站在发泄情绪的角度，而非站在解决问题的角度。

家长理性思考一下，站在解决问题的角度，最需要做的就是管理好自己的情绪。家长可以和孩子一起分析所遇到的问题或挫折，认同孩子的心理感受。孩子考试考砸了，心里会比家长更难受；孩子不想说话，一定是发生了令内心受创伤的事件。家长没必要火上浇油，可以利用共情技术帮助孩子消解挫败感和负性情绪，所以家长要学会说"我知道……""我理解……""我知道你没考好，心里也难受""我理解你的心情"。站在解决问题的角度使用考虑孩子心理感受的话语，是与处在不同成长阶段的孩子都能进行交流的秘诀。

待孩子消化掉一部分情绪后，家长和孩子一起寻找解决问题的方法，齐心协力，问题就容易解决了。大多数家庭难以解决问题，是因为出现问题就发生争端，孩子和家长各执一词，水火不容。

作为家长，你的目标难道是发泄自己的情绪吗？答案是否定的。我们的目标是解决问题！在孩子成长的关键时期，在孩子成长的关键事件上，家长能够管住自己的情绪和学会闭嘴，真的是一种修养。

其次，家长要改变对孩子的控制欲望。

家长大多是对孩子具有控制欲望的，只是程度不同而已，因为孩子小时候一直依附于家长而存在。从"你吃我的、喝我的、用我的……"这样的口头禅中，可以窥见家长的控制欲望。这样的话，很多家长都在气头上说过，这说明家长习惯了为孩子设计一切，习惯了孩子在自己的掌控之中。一旦发现失控了，很多家长难以接受。

但是孩子的成长规律是：到了青春期，孩子逐渐希望独立，希望得到他人的尊重，希望摆脱成年人的束缚，不希望父母侵犯自己的隐私。孩子经历青春期的过程，从心理学上讲，就是孩子逐渐摆脱父母、走向成熟的过程，就是所谓的"心理断乳期"。

孩子想"断"，父母想维持控制，这就是青春期亲子矛盾的关键所在。很多家长并未意识到这一点，打着为孩子好的旗号希望继续控制孩子。孩子也不是真的逆反，他是在寻求心理上的自主，尝试着将自己的想法表达出来、实践出来。这本是孩子成长过程中非常重要的环节，也是最让家长欣喜的环节，可是有些家长只将注意力放在分数上、学习上，忽略了孩子心理上的发展。

家长要想改变，非常重要的一点就是学会科学地、一点点地放手，让孩子去尝试错误，顺利成长。因此，孩子未来是不是有能力独立面对复杂多变的社会环境，能否在社会发展的洪流中稳定前进，取决于孩子的自主性、独立性的养成。家长少一些控制，让孩子多一些成长！"度"的把握是家长要学习的课程。

最后，家长要改变对孩子的评价方式。

家长对孩子的评价，有两种表现方式：一种是语言，另一种是行为。

家长对孩子的评价有两种极端形式。第一种是，有些家长无论孩子什么样子，都认为孩子做得对，都会换着花样地表扬孩子；或者在孩子犯错误的时候，家长会否认是自己孩子的错误，为孩子寻找借口。第二种是，有些家长会不分场合地批评孩子，还有些家长很吝啬对孩子说鼓励的话，批评多、表扬少，孩子难以在家长那里获得肯定。

站在旁观者的角度，家长都会意识到以上两种方式不妥。但是由于家长的认知和行为经常是矛盾的，在很多家庭，这两种对孩子的评价方式依然占主体。

在孩子的成长过程中，家长对孩子的评价既要有肯定，又要有否定，这是必然的。在"激发孩子学习的内部驱动力"一节中，我引用了心理学中非常有名的洛萨达线，指出鼓励与批评的比例大约为 3∶1 时效果最佳。也就是说，家长想批评孩子的时候，前面需要对孩子已经有三次鼓励语言或行为。这样的比例不会使孩子对批评产生不好的心理体验，孩子对于家长的批评也会欣然接受。批评过多，孩子会有消极情绪，会自卑；表扬过多，肯定的评价就会失去意义，孩子会陷入更加消极的状态。

除了掌握鼓励与批评的比例，还要学会科学地表扬。要表扬孩子做出的努力，不要表扬孩子聪明。例如，孩子数学成绩提高了，家长要这样表扬："这阶段你比较努力，成绩真的提高了，很棒！"这样的表扬方式可以激励孩子更愿意付出与努力。如果家长这样表扬："你太聪明了！你太厉害了！"这是对孩子智力与能力的表扬，孩子会认为，自己聪明是成绩好的决定因素，因而忽视努力与意志力的作用。当然，这样做还会有其他后果，当下次成绩不好时，孩子会归因自己不够聪明，对自己失去信心。

家长改变对孩子的评价方式不是盲目地表扬，也不是简单地鼓励。

总之，家长这样改变，孩子才会有转变。家长的改变不等于失去原则，不等于失去底线，不等于放纵，而是在科学的心理学与教育学理论的指导下，针对孩子的特点进行的，让孩子在成长过程中发现兴趣，找到动力！

Chapter 3 | 好学篇 |

掌握科学的学习方法

科学的学习方法是成功的保障。我们可以发现在相同的智力水平、学习条件下，学习成绩可以有天壤之别。心理学家布鲁纳认为，学会学习的实质就是掌握有效的学习方法。学会的前提是会学，能理性地确定学习目标，科学地掌握学习规律，灵活运用科学用脑方法，自主调控学习心态，有效监控学习过程，及时纠正不利于学习的做法。也就是说，方法比知识更重要。掌握正确的方法，不仅能够提高效率，还有助于挖掘孩子的潜能，培养超凡的学习力。

01 | 提升心理弹性，
适应新阶段

"最近心情跌到了冰点，感觉自己越付出，反倒越力不从心。孩子升入初中了，本是一件开心的事情，但是感觉每一件事都不让我省心。孩子每天晚上还是像小学时一样玩儿，晚上不愿意睡觉，早上不愿意起床，每天需要我开快车才能保证不迟到。她作业也不好好写，经常到了很晚才开始写作业。老师说，孩子的听课状态不好，上课哈欠连天。我批评了她几次，也天天提醒她，但是效果不好。我们发生了争执，孩子的奶奶坚决地站在了女儿一边，家庭关系一团糟。这种情况怎么调整呢？"这是一位母亲的自述。

每个孩子在成长的不同阶段都必须面对一些改变。当孩子即将进入一个新学期时，如何更快、更好地适应新学期的学习与生活，做到早上及时起床、晚上按时入睡，上课认真听讲、课后完成作业，不疲惫呢？当孩子即将进入一个新学段时，如何顺利实现小升初、初升高的过渡，做到适应新的学习环境，跟得上老师的教学进度，及时完成作业，不焦虑呢？

这就涉及孩子的学习适应问题。

面对新变化，我们需要关注的是孩子的心理适应。心理适应是指，人们通过自身的调节，使心理符合环境变化和自身发展的要求，从而达到一个平衡的状态。

新环境、新学段意味着，孩子的学习行为与心理状态或多或少都发生了一些改变。面对变化时，有些人像前面提到的那位母亲一样无所适从。因此有些家庭，在孩子开学前，家长和孩子都进入了情绪波动状态；有些家庭，当孩子面临新学段时，家长和孩子会假设发生更多事情，因此易怒、心烦，甚至焦虑。

我们要知道，**适应是一个过程，不是一个简单的结果。**下面的过程有助于当孩子面临改变时提高其适应能力，达到新的平衡。

首先，家长和老师要尽量减少一些不合理的观念，不要觉得孩子现在做得不好，未来就会糟糕至极；也不要认为孩子在开学之初状态不好，这一学期就会失去先机。我们要知道，人的发展是受很多因素影响的，孩子的未来具有无限可能，孩子的可塑性很强，我们要相信孩子。只有不合理的观念消失，家长和老师才能心平气和地接纳孩子的不适应，等待孩子的自我调整；孩子才会在没有外力干扰的状态下逐渐适应新环境、新知识、新学法。因此，在开学之初或进入新的学段时，家长和老师给孩子们一些时间和空间来适应，提升面对新时期、新现象、新困境的心理弹性，这样有助于孩子的成长！

其次，我们要有针对性地指导行动，指导孩子调整生物钟，让其作息时间尽量与上学时的相同。

我们可以发现这样的现象：开学之前，有些同学格外珍惜为数不多的可以睡懒觉的日子，一直睡懒觉睡到开学前的最后一天，这种习惯是不利于学生开学后调整学习状态的。学段不同，对孩子的要求是不同的，家长要减少批评的语言，增加指导的行动。孩子不是不接受家长的建议，只是不接受家长的否定与指责。

生物钟是指生物体内一种有规律的时间节奏，就像时钟一样，能够提醒你在某个固定时间去做某件事。我们的饮食、睡眠等都受到生物钟的影响。当然，学习的效果也受到生物钟的影响，要想保证开学后的听课质量，一定提前调节生物钟，提前三四天，甚至可以提前一周逐渐调整起床时间，这样才能自然地适应新学期，早上不困，上课不累。

再次，不要让孩子盲目熬夜，要尽量保证睡眠时间。睡眠充足，才能有清醒的大脑，才能有良好的情绪。心理学的研究表明，愉悦的情绪是有利于提高学习效率的。有些孩子由于开学之初不适应，盲目熬夜，希望能够赶上或超越别人，结果事与愿违。课堂学习永远是孩子获取知识最重要的渠道，课堂上能否集中注意力来理解、消化新知识，决定了孩子适应时间的长短。有些家长为了督促孩子，与孩子发生不愉快的分歧，反倒影响了孩子的学习效率，延长了孩子心理适应的时间。

最后，家长不要试图通过控制让孩子适应新学期的生活，要引导孩子学会自我控制。我也是孩子的家长，在孩子的成长过程中，我深刻地体验到各种心理学原理在我们生活中的作用。例如，在孩子的成长过程中，家长的控制、批评或奖励等都是外部驱动力。外部驱动力并不稳定，且非常易变，因此要让孩子自主做规划，思考自己能够做什么，做到什么程度，这是形成内部驱动力的过程。在这个过程中，家长要有耐性，不能在孩子学习自控的过程中过度唠叨，引发孩子内心的不满，让孩子失去心理支持，从而失去形成内部驱动力的信心和行动。

教育的目的，不是让孩子成为另一个你，而是让孩子知道如何成为一个优秀的自己！

02 | 设定科学合理的
目标适应新改变

一位刚刚进入重点高中的学生找我咨询,他的家长对他寄予厚望,给他定了很多规划:学习成绩要进入班级前 10 名;争取尽快进入学生会;学习雅思英语,为出国做准备;还给他安排了各种补课。孩子几近崩溃地找到我,说:"老师,我妈做过学生会干部,通过出国留学获得了成功。她想让我走和她一样的路,你可以管管我妈吗?"

这里涉及的问题是,当孩子升入一个新的阶段,如何帮助孩子设定合理的目标。

当然,有些孩子已经具有明确目标,家长和老师可以帮助孩子进行评估:目标是否合理,是否需要调整?理性而不盲目是设定目标的总原则。

如何设定目标才能更好地指导学习行动呢?

第一，明晰现阶段什么是最重要的事情。有些孩子思维灵活、想法非常多，要做的事情也多；有些家长因此将孩子的时间填得满满的。但是孩子的精力是有限的，更要命的是，孩子的想法往往与家长的想法不同。结果，家长与孩子身心俱疲，学习效果却不尽如人意，双方还会互相埋怨、关系恶化。

那么如何明晰什么是现阶段最重要的事情呢？我们从一个大家都非常熟悉的故事入手。

一位老师为一群商学院的学生讲课。他现场演示如何将一个玻璃瓶装满。他先取出一堆拳头大小的石块，仔细地一块块放进玻璃瓶里。

当石块再也放不下时，他问道："瓶子满了吗？"

所有学生答："满了。"

老师反问："真的吗？他从桌下拿出一桶砾石，倒了一些进去，并敲击玻璃瓶壁。砾石很快填满了石块之间的空隙。

他再次发问："现在瓶子满了吗？"有些学生明白了，说："可能还没有。"

只见老师又拿出一桶沙子，开始慢慢倒进玻璃瓶。沙子填满了石块和砾石的所有间隙。他又一次问学生："瓶子满了吗？"

"没满！"学生们大声说。

然后，老师拿过一壶水倒进玻璃瓶，直到水面与瓶口持平。他抬头看着学生，问道："这个例子说明什么？"

学生回答："它告诉我们，无论你的时间表多么紧凑，如果你确实努力，你就可以做更多的事！"

"不！这个例子告诉我们，如果你不是先放大石块，那你就再也不能把它放进瓶子里了。"老师说。

如果一个人生命中没有"大石块"，他做再多的事情，生活也是七零八落的，没有一件是对自己而言重要的事情。有些孩子付出很多，追求尽善尽美，最终却很难达成心愿。家长也是如此。

因此，目标就是我们生命中的"大石块"。每个孩子进入一个新的阶段，一定要理性思考一下，这学期要优先处理的"大石块"是什么。

在"确定生命中'大石块'"的过程中，家长们一定要尊重孩子的主观感受，听从教师的指导意见，不要主观臆断。孩子的主观感受是最重要的，如果孩子某一方面的能力，比如阅读能力或计算能力较差，一定要将它作为新学期的"大石块"，而不能要求每科都进步。

贪多不一定高效。人的精力是有限的，将有限的精力用于这一阶段最重要的事情，将"大石块"变成你生命中的宝石，它就会为你的一生保驾护航。

第二，目标要适中。目标设定得过高容易让孩子形成"习得性无助感"，也就是家长和老师看到的孩子的放弃行为或是没有斗志的行为。目标过高，可能是家长的期望值过高，也可能是孩子的自我期待过高，无论是什么，都应该理性地进行调整。目标适中的心理学原理就是，将目标建立在孩子的"最近发展区"内。

维果斯基的"最近发展区"思想认为，每个人都有两种心理发展水平：一种是现有的发展水平，指一个人独立学习或活动时所达到的解决问题的水平；另一种是在有指导的情况下达到的解决问题的水平，也是通过学习获得的潜力。这两者之间的差距就是"最近发展区"。如果一个人的目标设定超出了他的"最近发展区"，他是无法实现这个目标的，就会出现"习得性无助感"。

所以，很多孩子或家长怀着美好的愿望，设计了较高的目标，却多次无法实现，甚至相距甚远，使孩子形成了习得性无助感。

第三，可以借鉴目标设定的"聪明"（SMART）原则。

SMART 是五个英文单词的首字母缩写。

S: Specific，强调目标的具体性。目标不能太虚、太宏大、太含糊。例如与其设定"期中考试成绩名次要提升 10 名"的目标，不如非常清晰地提出在哪个学科提高多少分，甚至细致地指出这个学科要主攻的题型。

M: Measurable，指目标可衡量。目标必须能够量化，比如数学计算上不能丢几分，英语阅读理解提高多少分。要让目标可衡量，才能循序渐进地进步。

A: Achievable，指目标可实现。目标要设定在一个人的"最近发展区"内，是"跳一跳"能够达到的目标，既要有一定的挑战性，还不能高不可及，这样目标才能最大限度地激发一个人的动力。

R: Realistic，强调目标的切实可行性。不能抛开自身条件漫无天际地确定目标，尤其一些家长急于求成，恨不得孩子立刻就进入优秀生的行列。几年前，我接待过一名高期望值的家长，他从不会考虑孩子的实际情况，每逢假期就带着孩子去著名的大学校园参观，而这些大学是他的孩子无法企及的，给孩子带来了极大的心理压力，甚至一度扬言要全部放弃。

T: Time-bound，强调目标的时限性。设定目标必须规定起止时间，是一个月还是两个月，要清晰明了。

我非常喜欢董宇辉的一句话：人不需要被教育，只需要被提醒！孩子也是如此。孩子在成长的道路上，家长也要在适应变化的道路上。抓住核心、抓住重点，设定"聪明"（SMART）的目标，保持理性，孩子与家长才会有理想的结果。

03 | 家长应如何调整对孩子的期望值

Case

　　一个阳光快乐的小男孩就要上小学了，这本来是他成长中的一件大事，但是近阶段孩子却发生了非常大的变化：一个平时爱说爱笑、能玩能跳、人见人爱的小可爱，在上小学之前却变得"成熟"了，经常闷闷不乐，也不愿和人说话。为什么呢？他的父母来咨询时我才知道，夫妻二人希望孩子未来可以上重点中学，所以决定从现在开始抓起，绝不输在"起跑线"上。现在他们给孩子制定了严格的作息制度，看电视、玩游戏、外出和小朋友玩的时间被大幅度削减，还给孩子报了一些课外班，为上小学做了充分的准备……

　　一次考试结束后，我接待了两个孩子。其中一个成绩非常好，是其他同学与家长羡慕的对象，可是她告诉我她一点也不快乐，内心充满挫败感，因为她的成绩距离父母心中的目标还差很多，她担心如果下次考得不如这次怎么办。

> 还有一个孩子成绩下滑比较明显，他说，他的家长表
> 面平静，内心一定对他非常失望，他自己也怀疑自己的
> 能力，当然还有不甘心……

这三个孩子身上出现的情况都是家长对孩子成长的期望值过高导致的，也体现了小学、初中、高中学生家长共同的心态。世界上没有父母不希望自己的孩子成功，不希望得到他人的称赞。在一些家长看来，如果不对孩子要求严格些，不对他们寄予厚望，孩子就会落在其他人后面。

但是，心理学研究表明，家长的高期望只会给孩子造成压力，不利于孩子的成长。

美国学者马丁在调查中发现，父母的高期望容易使孩子感受到较大的压力，家长不切实际的高期望会使孩子形成较低的自我价值感。这就可以解释家庭教育中的一些现象，有些家长感觉自己心气儿很高，不知道为什么自己的孩子那么没有志向、没有上进心。这是因为，这些家长不了解孩子的实际能力水平，过高地估计了孩子的能力，对孩子提出了不切实际的高要求，寄予了过高的期望。这一方面，使孩子对学习产生了畏惧心理，认为自己无论如何也不可能达到父母的要求，选择主动放弃，直接摧毁了孩子的意志力；另一方面，使孩子认为自己经常达不到父母的要求，表明自己的能力不行，这就极大地挫伤了孩子的自信心，降低了孩子的自我价值感。

那么家长如何把握对孩子的期望值呢？

心理学家维果斯基提出的"最近发展区"理论为我们提供了借鉴。这个理论告诉我们，家长对孩子的期望应该建立在孩子已有能力水平的基础上，要设定孩子经过努力可能达到的目标。过高的期望只会使孩子无所适从、不知所措。

心理学的研究表明，适度的期望是有利于孩子发展的，家长的期望对孩子的发展能起到意想不到的积极作用。大家熟知的罗森塔尔实验表明，感受到教师和家长期望的那些学生在若干年后果然发展得比其他学生要好。在罗森塔尔的研究中，家长适度的期望是对孩子的鼓励、支持，更重要的是体现了对孩子成长过程的关注。

只要家长的期望值适度，孩子在一种积极的、正向的、支持性的环境氛围中，感受到的就不是压力，而是动力了。

有一次，一位家长给我看他儿子写给他的信，让我帮助分析一下。从信中得知，他的儿子上学期期末考试的成绩非常不理想，是父母对孩子的期望值太高，给孩子造成了极大的思想压力。一个孩子整天背着沉重的心理包袱，怎能有动力？孩子自述经常会精神恍惚，写信是希望父母不要责怪他，也恳求父母给他减减压，让他喘口气。

现在许多家长喜欢把自己的孩子和成绩好的孩子比，或要求孩子，别的孩子能做到的事情，他也一定要做到，做不到就是不努力。父母不服"输"，不愿意承认自己孩子的实际能力不够强。对年龄小的孩子，以为打骂就能逼他赶上去；对年龄大的孩子，以为谈话或施加各种隐性压力就可以促使孩子超越他人。有些家长给我留言，希望我以心理老师的身份和他的孩子谈谈，让他的孩子成绩能够尽快提高上去。在孩子没有心理问题的情况下，心理老师单纯的谈话怎能解决学习问题和提高成绩？

当然，父母也不能对孩子没有期望。有的父母提出"只要取得一张毕业证书就行了"，其结果是孩子没有动力，对自己放松要求，自暴自弃。

那么如何设定对孩子的期望值呢？我认为，父母要客观分析自己孩子的身体状况、智力水平，以及孩子在情感、意志、兴趣、性格等方面的特点，与孩子一起商量如何扬长避短、以勤补拙、循序渐进。对孩子的期望值要确定在维果斯基提出的"最近发展区"的范围之内，是孩子"跳一跳"，经过努力与付出可以达到的，家长对孩子抱这样的期望才会发挥正向的作用。

04 | 及时调整，缓解学习疲劳

Case

　　一位家长给我来信，说自己的孩子长期在疲劳状态下学习，心态特别不好，学习效果不佳，不仅和家长发生过冲突，对老师和同学也不满意。最重要的是，她的孩子已经几个月脸上没有一点儿笑容，似乎学习成了最令孩子痛苦的事情。孩子经常会在做练习题时生气地说要放弃，有时也会和家长说"不想上学了"，整个家庭都处在压抑的氛围中……

　　这个孩子所面临的是学习疲劳的问题。学习疲劳是目前中小学生普遍面临的问题。当然，这里提醒一下，家长朋友们在分析自己孩子的行为时要明确一点：孩子出现的行为大多不是由单一原因造成的。有的孩子学习疲劳可能是因为家长或孩子自身设定的目标超过了他的实际能力能达到的水平，也可能是孩子由于无法看到学习效果，内心所产生的极强挫败感造成的，还有可能是在学校与同学相处让孩子非常苦恼等。一定要根据孩子的学习、生活及人际交往等多种表现，从多个角度进行分析。

下面对学习疲劳进行一下简单的分析。

学习疲劳是影响学生学习效果的重要因素之一，是指学生在连续学习之后出现的一种生理或心理上的异常状态，我们可以通过孩子的外部表现来判断。生理上的表现主要包括：头痛、头晕、感觉麻木、乏力、动作失调、感觉失调，以及经常打瞌睡或失眠（神经衰弱）等。心理上的表现主要包括：大脑反应明显迟钝、思维滞缓、学习或阅读时注意力无法集中、记忆衰退、情绪沮丧或烦躁、易怒，以及对什么都不感兴趣等。当然，学习效率下降是最突出的表现。学习疲劳一般有两种：暂时性学习疲劳和慢性学习疲劳。暂时性学习疲劳一旦被意识到，通过休息、睡眠是可以消除的；慢性学习疲劳是指长期处于疲劳状态，或者进入了一种恶性循环，令孩子无力自拔，消除它则需要花费较大力气，需要较长的时间才能缓解，如果不及时采取措施，发展下去对孩子的身心健康十分不利。

造成学习疲劳的原因是什么呢？主要包括以下几个方面。

第一，学习负担过重。这里存在一个学业总量统筹是否科学的问题。有些家长出于望子成龙、望女成凤的急切心理，在学校课业的基础上给孩子加码，比如给孩子安排了很多额外辅导，在学校作业的基础上给孩子增加练习量，各种方式层出不穷。家长这样做的心态就是：孩子只要坐在桌前学习，家长的焦虑感就会减少，才会感到心安。因此，额外的学习任务是否提高了孩子的成绩无法判定，但是一定让家长无处安放的心暂时得到了安慰。试问，如果我们吃完一顿饭之后再持续加两餐，甚至有时间就往嘴里塞东西，胃能承受得了吗？孩子学习亦同理。

如果是负担过重导致的学习疲劳，家长一定要及时调整自己的行为，首先让孩子完成学校的课业，保证先学会课堂涉及的知识点与能力提升点。每所学校对培养学生和考试制度都有非常深入的研究，家长要相信学校，相信老师，对学有余力的孩子才能"加餐"。如果有些孩子无法完成学校的课业任务，建议家长与老师进行协商，根据孩子的实际情况完成部分作业，例如完成作业的60%或80%等，合适的学习任务可有效缓解孩子的学习疲劳。

第二，学习方法不得当，或者缺乏良好的学习习惯。有些孩子在学习时只知道死记硬背，不求甚解。他们学习没有目标、没有规划、没有自我检测，学习就是应付。有的孩子学习习惯不好，无法进行自控，在学习过程中禁不住手机、美食等的诱惑，书桌上的任何东西都可能将他的注意力分散，导致他们学习效率低下，无法完成预定的学习任务，因此还会导致他们学习时间过长，甚至经常熬夜写作业，进而造成他们睡眠不足，大脑得不到充分的休息。

这样的孩子需要借助家长或老师的力量制订计划，通过协商机制、监督机制和奖励机制等一系列举措，保证学习计划的落实。家长和孩子共同努力，先形成良好的学习习惯，再寻找适合孩子的有效方法，才能实质性地缓解孩子的学习疲劳。

第三，缺乏学习兴趣，将学习当成负担，就是通常所说的厌学。我们经常看到一些孩子，对学习不感兴趣，只要提学习就头疼；比较严重的孩子，每到上学前就喊"肚子疼""头痛"等。这样的孩子在学校不想听课，不想写作业，一看书就犯困；即使在没有外界干扰的情况下，他们学习也走神，虽然也在看书，却根本"看不进去"。但是，作为一名学生又必须完成作业，于是他们硬着头皮去做，拖延时间去做，因此他们既有心理疲劳，也有生理疲劳，还有强烈的挫败感，并不像家长表面上看到的那么轻松。

孩子缺乏兴趣，是由于没有学习动力。家长和老师相互配合，指导孩子制定符合实际的小目标、阶段目标，让孩子在学习中体验到一定的成就感，从而增加信心，提升学习动力。当然，家长和老师适当的鼓励也是帮助孩子走出学习疲劳的有效方法。

第四，学习中用脑不科学。有些孩子并不是没有学习兴趣，学习习惯也还可以，也不是靠死记硬背学习，但就是效果不好。这些孩子大多是学习方式违背了科学规律而不自知，例如，学习时间的安排违背生物钟的规律，科目的安排违背大脑兴奋抑制交互作用的规律；睡觉太晚，造成睡眠质量不高；在学习效果不好的时间段做难度比较高的学习任务，或者长时间固执地做同一学科的任务，造成大脑局部区域疲劳等，严重时还会出现大脑罢工现象，即短时间内大脑一片空白，无法提取已有的信息和知识。

这样的孩子大多是非常努力的，由于他们付出很多，所以他们是内心挫败感最强的孩子。家长不要责备，更不要让孩子盲目坚持，应该和孩子一起分析原因，找准原因才能解决问题。由于这类孩子学习品质好，所以学会科学用脑的方法见效非常明显。如果是睡眠质量不高导致的疲劳，安排好作息时间，马上就可以看到效果；如果是学习方式不符合用脑规律，喜欢长时间做一个学科的任务，可以调整为每学科连续学习时间不超过 2 小时，让疲劳感降低，学习效率就会大大提高。

　　每个人都会出现学习疲劳，当学习疲劳出现时，它并不是马上就会对身心产生影响。只要及时进行休息、调整，每个孩子都会拥有最佳的学习状态。

05 | 科学用脑，高效学习

　　一位家长曾经问我："为什么我的孩子每天都学习到很晚，放学后一直写作业、做练习，基本不看手机、不玩游戏，孩子很累且已经付出了极大的努力，但是每次考试成绩都不尽如人意？"

　　家长说，这种情况下无法埋怨孩子，因为孩子都怀疑自己的智力水平有问题，非常苦恼。

　　后来我在咨询时见到了这个孩子，这是一个很有灵气的少年。客观上讲，这个孩子学习的品质很好，意志力、精力、态度都在，问题出在哪里呢？

　　这个孩子不是个案，现实中有很多孩子和他一样非常努力、态度认真、肯于付出，但是学习效果总是不理想。我们都知道，孩子的学习是家长眼中的头等大事，孩子学习成绩的变化会带来整个家庭情绪的波动。

　　在上一节中，我谈到了学习疲劳的原因。我认为案例中的这个学生存在用脑不科学的情况。那么如何科学用脑呢？

首先，我们要简单了解自己的大脑。简言之，大脑是人体内的一个巨大而复杂的"资料库"，它不停地收集来自身体内外的各方面信息，并把它们作为资料加以整理，储存起来。当我们需要这些信息的时候，可以从大脑中再次提取，因此大脑是学习的主要器官，是每个学生将聪明才智发挥出来的重要载体。

其次，我们要了解大脑在我们学习与工作时具有什么特点。就以学习为例，当大脑指挥一个高中生进行数学学习时，只有相应的皮层区域处于兴奋状态并进行工作，其他区域则处于抑制状态。也就是说，孩子学习某一学科时，大脑只有相应的部位处于兴奋状态，时间久了，达到一定限度时，这个区域会产生疲劳反应，不愿意再工作，工作效率也会下降，所以孩子学习一门学科持续时间过长就会出现大脑疲劳。例如，有些人连续做数学作业做了2小时以上时，参与数学学习的大脑相关部位就会产生疲劳，这也是一种大脑疲劳。如果我们用意志力控制自己继续学习数学，大脑就会罢工。上文提到的孩子，就是大脑没有适当地休息与调整，没有劳逸结合。因此，科学用脑是必须的，可以起到事半功倍的效果。

最后，我们来了解具体如何科学用脑。

第一，把握最佳用脑时间。

在心理学中，用脑效果最好、效率最高的时间被称为最佳用脑时间。当然，人与人之间存在细微差异，比如有的孩子早晨头脑特别灵敏、记忆力最好，俗称"大公鸡"型；有的孩子晚上头脑清醒、思维敏捷，俗称"夜猫子"型。这里讲述的是共性的规律，这个规律与生物钟的节律密切相关。例如，早上起床和晚上

睡前一小时内的记忆力最好；上午大脑的工作效率较高；下午 2
点是一个人一天中的状态最低点，此时人疲惫、困乏，不适合做
难度值比较高的题；晚上 6 点到 8 点学习效果提高，比下午时段
的用脑效果更好。每个人都应把握自己的最佳用脑时间，提高自
己的学习效果。如果一个人总是喜欢在下午才开始学习，就会昏
昏沉沉，效果特别差。如果一个人睡得过晚，就会使夜间的睡眠
质量下降，所以不建议晚上超过 11 点睡觉。

　　第二，在时间安排上要使学习规律化。 兴奋与抑制是高级神
经活动的两个基本过程，我们工作时就是大脑处于兴奋的过程段，
我们休息或者睡眠时就是抑制的过程。中学生精力旺盛，往往兴
奋占优势，如果生活无规律，容易进入恶性循环。脑细胞经常处
于兴奋状态会导致其受损，出现"晚上入睡难，早晨起不来"的
现象。因此应该保证学习及生活的规律性，有节奏的生活可以使
大脑皮层的兴奋与抑制有节律地交替进行。这样学习效果好，人
又不容易疲劳。而且规律性的活动，例如晚上 11 点准时睡觉，会
使大脑的动力定型。我们不需要花费精力在睡眠上，到 11 点自然
进入睡眠状态。如果睡觉时间不能确定，大脑每天都需要耗费精
力用于调整睡眠。

　　第三，对学科安排要学会交替用脑。 前面提到，当我们进行
某种学习活动时，例如学习外语时，和语言相关的神经中枢就会
处于兴奋状态，其他的部位则处于抑制状态。科学用脑就是要每
隔一段时间转换不同的学习内容，文、理科穿插进行学习，从而
转换大脑皮层的兴奋中心。即使我们一直在学习，但是大脑皮层
的兴奋区域不同，因此也是一种交替休息。这样，学习就会紧张

而富有弹性，保证学习的高效率。

第四，根据自己的情况保证睡眠时间，学会休息。人的大脑不是一架"永动机"，不可能永不休止地运转。睡眠是大脑的主要休息方式，只有充足的睡眠，才能消除大脑的疲劳，使之保持正常运转。因此，应合理安排好自己的睡眠时间，不要经常熬夜。同时还要注意适当地运动和休息，比如课间 10 分钟的休息，可以使大脑活动的效率提高 30%。

第五，充分利用运动与放松保障大脑的最佳状态，适当增加营养。

运动对于心理状态的调节有着非常重要的作用，抑郁、焦虑等情绪也可以通过运动进行改善。在学习生活中，加强体育锻炼，可以在提高身体素质的同时促进血液循环，增加大脑营养供应。在中学阶段，不建议孩子们减肥，反倒应当补充有益的物质，多吃肉类、奶制品、蛋类、豆制品、新鲜的蔬菜水果等，家长们一定要为孩子做好后勤保障工作。科学用脑，才会有高效的学习；科学用脑，才能保护孩子的大脑不出现学习疲劳；科学用脑，才能真正地劳逸结合，让孩子体验到学习的乐趣和生活的愉悦。

06 | 正确引导不同学习风格的孩子

Case

　　"我自认为是一位非常爱学习的家长，大多数时候能够耐心倾听孩子的想法，但是孩子考虑问题毕竟不周全，所以我也在想办法帮孩子弥补。在今年高考中，我同事的孩子考上了名牌大学，我让他给我儿子介绍一下学习经验，结果儿子听了之后不以为然，还是按照自己的方式学习，我非常生气，说了他几句，说他不理解我的苦心，自以为是。结果儿子生气了，已经快一个月不和我交流了。我让他向学霸学习，错了吗？"这是一位母亲的留言。

　　我在网上看到了很多人对学霸的界定，观点不完全相同，且包罗万象。其实，学霸更多的还是我们对这类孩子的主观感受。在家长的眼里，如果孩子能够在班级或学校中名列前茅就是学霸；在孩子的眼里，自己无法达到的目标，其他同学能够轻松达到的就是学霸。

如何正确认识不同的学习风格？

心理学认为，每个孩子都有持续一贯的、带有其独特性的学习方式，称为学习风格。按照这种方式学习，孩子就会获得非常令人满意的效果。所以我们通常发现一些优秀孩子的经验分享未必适合你的孩子，这是因为孩子各自的学习风格不同。

哈佛大学著名的心理学家霍华德·加德纳教授在《智能的结构》一书中提出了多元智能理论，后来的一些教育学家在此基础上，将学习风格分为视觉型、听觉型和体觉（也称触动觉）型三种，以此区分孩子们的学习风格。

每种学习风格的孩子都有自己擅长的学习能力、适合的学习环境、最有效的学习方法。无论家长还是老师，都要深度了解孩子的学习风格并因材施教，才能引导他们达到最理想的学习效果。因此，从某种意义上来讲，孩子没有学习能力上的区别，只有学习风格不同。

那么不同学习风格的孩子各具有什么特点，应该如何引导呢？

首先来看视觉型学习风格的孩子的行为表现及引导建议。

这类孩子最典型的特征是依赖视觉载体进行学习，如果没有视觉载体，就不能保证有好的学习效果。这种类型还可以细分为文字类型与非文字类型，文字类型就是通过文字阅读获得最佳效果，所以这类孩子愿意研读教材，愿意读书，且这样做学习效果好；非文字类型是指通过图片、表格、视频等材料进行学习效果更好。

视觉型学习风格的孩子小时候在行为上是有体现的，比如擅长观察、喜欢看书、玩拼图等。在学校，这种类型的孩子也会有一些共同的表现。

第一，他们上课时视线始终追随老师，喜欢坐在前排，老师也比较喜欢这种类型的学生，因为这会给老师带来较好的授课成就感。

第二，他们观察能力强，因此能够发现老师在写板书过程中细小的变化与错误，能够发现家长在生活中的细微变化。

第三，他们是"颜控"，喜欢漂亮的人、美好的物，关注事物的外形是否好看，对颜色比较敏感，所以他们本人也非常注意穿衣打扮、颜色搭配等。所以他们的错题本、练习册、试卷等往往写得很整洁，让人赏心悦目。

第四，他们要求学习环境要整洁，东西要摆放整齐，否则就会不舒服。

在引导这种类型孩子的过程中，家长可建议孩子多使用图表归纳的方式进行学习，借助课堂笔记、错题本、小图示、演示实验的视频等方式，使用不同颜色的彩笔和书签对笔记进行加工，效果会非常突出。如果有些东西记不住，写下来，他们马上就会记住。尽量不要让这类孩子在有视觉干扰的环境中学习，例如学习桌旁摆放其他与学习无关的、五颜六色的东西会让他们分心。

当然，视觉型是孩子中最常见的一种学习风格，所占的比例比较大。这类孩子喜欢老师板书详细，例题演算过程细致。家长和老师的示范过程可以大幅度地提高他们学习的效果。

其次来看听觉型学习风格孩子的行为表现及引导建议。

这类孩子最典型的特征是依赖听觉器官接收信息的效果最好。

他们对身边人随口说的一句话记忆非常深刻，对于偶尔去的场所中听到的背景音乐，可以很轻松地模仿出来，在语言学习方面具备较大优势。

这样的孩子由于对听觉信息非常敏感，对他们采用小组讨论式教学通常学习效果会更好。这种类型的孩子也具有一些共同的行为特点。

第一，涉及学习中需要记忆的部分，他们喜欢默读或出声读，借助听觉处理方式提高学习效果。

第二，他们大多是"声控"，喜欢声音好听的人，比较介意别人在读音方面所犯的错误。他们在表达时非常喜欢用拟声词，在表达方面能力更强，说话的内容清楚、声音悦耳。

第三，他们喜欢宁静的环境，在乎事情的细节，喜欢事情有节奏感。

在引导这类孩子的过程中，家长可借助多媒体音频来提高学习效果，例如在孩子起床、整理东西时，或者在送孩子上学的途中播放一些音频资料，有助于孩子的学习。在我儿子的成长过程中，他每天起床后刷牙、洗脸、吃饭时，我会为他播放英语音频资料作为背景音，不提醒也不强求他去听，但是效果非常好。家长可以引导这类孩子将"听、说"练习与笔记相结合，并且随时让孩子审视他记录下来的东西。家长要允许孩子在家里学习时，对白天学习的内容进行有声的总结或背诵。

听觉型学习风格的孩子不喜欢完全独立思考与学习的方式，他们更喜欢和同学一起学习、交流和讨论的方式。所以家长可以多为孩子准备一些有声读物，或者允许他与同学共同讨论、学习。

家长也可以通过向孩子提问，要求他们复述等方式加强学习的效果。一般来说，听觉型学习风格的孩子也占有很大的比例，仅次于视觉型学习风格的孩子。

最后来看体觉型学习风格孩子的行为表现及引导建议。

这类孩子的典型特征是需要通过"动手"来提高学习效果。这类孩子所占比例略低，不是老师和家长眼里的"好孩子"的形象，因为他们不太适合传统的"老师讲，学生听"的学习方式，需要通过触摸、移动或动手操作的方式来提高学习效果。"实验""实践"是他们喜欢的方式。

他们在行为上也具有一些共同特征。

第一，他们学习时大多"不太老实"，喜欢配合手部的动作，例如指着学习内容，以此增加体觉的参与。

第二，他们在解决问题和思考时手上总是做着动作，比比画画的，比画是他们的特征。

第三，说话重点突出、简洁切题，说话速度不会太快。他们容易情绪化，比较特立独行。

第四，他们在学习中，通过给别人讲解形成记忆的效果更好，所以喜欢给同学讲题。

助力这类孩子的学习，最好的方式就是给他们提供触摸和感受的机会。要理解他们的学习风格，允许他们配合小动作学习，例如在屋子里走来走去，学习时摆弄东西（前提是这个东西不干扰他学习）。因为很多家长不太了解这类孩子的学习风格，家长如果是视觉型的，看到体觉型孩子的学习行为会非常闹心，因此会和孩子争个长短，分辨个对错。

《发现孩子的学习风格》这本书中讲了一个例子：一个孩子就是背不会乘法口诀表，无论让他背多少遍都无济于事，后来专家建议家长让孩子一边拍球一边记忆，居然很快就熟记了，因为这个孩子就是一个体觉型学习者。

所以说，**没有绝对的学霸，只有学习风格不同的孩子**。家长不要用自己的学习风格去体察与评价自己的孩子，要深度了解孩子的学习风格，因势利导，才能更充分地发挥他的潜能。

07 | 利用假期培养
"神兽" 学习好习惯

"再不开学，家里的'神兽'就管不住啦！"这是假期时家长的心声。有的家长说，现在家长太难了，假期需要每天和孩子斗智斗勇，孩子的学习生活还是一团糟，作业没写完，质量更别提。一旦孩子捧上他们心爱的平板电脑或手机，家长再难收回了。家长哭天喊地期盼开学，因为家长要被孩子逼疯了！

不知道从何时开始，孩子被称为"神兽"。孩子放假在家，家长苦不堪言；假期结束，孩子回到学校的日子被称为"神兽归笼"。还有一个新名词叫"假期综合征"，是指孩子从假期的放松状态转到开学的紧张状态时所产生的心理与生理失衡的反应。

家长为什么把孩子叫"神兽"？这里既包含家长对孩子的宠爱之情，又包含对孩子的无奈之意，更标示着家长对孩子非常矛盾的心理——既对孩子在家状况不满意，又对孩子的未来充满期许。

这说明了两件事情：一是一部分家长对放假在家的孩子没有管理的行动，认为孩子紧张了一学期，应该放松一下了，所以对孩子假期的行为大多采取支持甚至放纵的态度；二是一部分家长对放假在家的孩子想管理，但管理措施无效，孩子根本不买账。

如果一个孩子在假期内能够保证有规律地学习与生活，家长与孩子之间基本能够做到和谐共处、有效沟通，家长就不会将自己的孩子称为"神兽"。

家长该如何让孩子在假期养成良好的习惯呢？

首先，认识到假期是培养孩子自主学习习惯的最佳时期。

为什么这么说呢？因为习惯的养成需要一段时间，有人至少需要 21 天。如果想将这个习惯保持下来，并转化为自动的行为，还需要更长的时间进行巩固，所以只有在假期，家长才具有帮助孩子养成良好习惯的条件。

从科学上来讲，习惯的养成可以被分成三个阶段。

第一个阶段为不自觉阶段，大约是一周之内。这个阶段需要家长非常刻意地提醒孩子去改变，孩子会感觉不自然、别扭。

第二个阶段为逐渐成为自觉行为的阶段，时间是三周之内，坚持提醒孩子到 21 天时，孩子会感觉非常自然且很舒服了；但是到了 21 天之后，如果不巩固的话，孩子一不小心就会回到从前。所以这时家长的坚持非常重要，家长坚持的目标就是让孩子从被家长提醒变成自己有意识地提醒自己。

第三个阶段是形成自觉行为的阶段，大约是从 21 天开始，到三个月之内，具体时间与每个人的意志、品质有关。这时候孩子形成了稳定的习惯性行为，可以在不经意间、很自然地去做，不需要被刻意提醒。未来，这个习惯将服务孩子的一生，让孩子终身受益。

从这个意义上来讲，坚持与时间是形成习惯的最重要的因素。

其次，了解如何引导孩子养成良好的习惯。

史蒂芬·柯维认为，习惯是"知识""技巧"与"意愿"相互交织的结果。知识是指让人知道"为什么做"和"做什么"，技巧是指"如何做"，意愿是指"想要做"。要想形成习惯，三者缺一不可。

让孩子形成一个习惯，首先要告诉他为什么要形成这个习惯，这个习惯对他有什么益处；其次要告诉他如何去做；最后要通过外部的鼓励或奖励等方式让孩子愿意去做。

在习惯的养成上，年龄越小，可操作性越强。如果你的孩子还小，马上行动起来，就可以非常轻松地让孩子养成良好的习惯。那么年龄稍大的孩子，为什么养成习惯那么难？因为他们需要改变原来已经形成的习惯，去养成一个新习惯，需要付出的努力可能不止双倍。

有些家长说，我想让孩子养成合理使用手机的良好习惯。如果你的孩子还小，还没有依赖手机，孩子习惯的养成就要靠家长根据科学的规律进行设计，主要是家长监督执行，考验的是家长的意志力与坚持的行动力。

如果孩子年龄大一些，家长需要与孩子沟通，达成协议，双方共同努力来养成孩子的良好习惯。当然，这很艰难，因为小的时候没有形成良好的使用手机的习惯。

根据心理学的研究，养成的良好习惯越多，孩子的能力就会越强，会在学习、生活与为人处世的过程中游刃有余。

那么在假期应该养成什么习惯呢？

基于对心理学的思考、多年的实践和身为一个母亲的经验，我认为首先应该养成管理时间的习惯。

管理时间的习惯养成需要以下三个步骤。

第一，与孩子一起制订计划。

对于年龄较小的孩子，可以由家长制订计划，明确在什么时间段孩子要完成什么事情，每个时间段的任务都必须非常清晰。

这里需要注意的是，不能将孩子的所有时间都占满，如果孩子认为完成这个任务没有任何快乐，只有痛苦，他的内心就会非常抗拒。当然，如果孩子提前完成任务，家长不能再次增加任务。家长不诚信，孩子就会通过拖延的方式来对付家长，形成的就是不良的习惯。

对于年龄较大的孩子，家长需要和孩子商量，一起制订计划，达成共识。这一点非常重要，如果孩子不认同，他就会消极抵抗，根本不可能养成习惯。

第二，陪伴孩子执行计划。

这个过程表述起来非常简单，但是执行起来非常艰难。首先是对家长意志力的考验，然后才是对孩子毅力的检测，所以有人说"孩子都是家长陪伴出来的"。

第三，给予孩子积极的反馈。

在养成习惯的过程中，孩子的行为一定不会让家长完全满意，但是家长不能批评孩子，更不能随意打击孩子，如果家长说"瞧瞧你做的事情，一点质量都没有，乱七八糟的！"或者说"你还能干点什么？"，这样的批评，带来的就是孩子的抵抗与放弃，所以家长必须学会鼓励："今天是第一天，你完成了一半的任务，已经很努力了，咱们再加把劲儿，争取明天做得更多、更好！"这样的鼓励才能让孩子坚持下来。养成良好习惯的过程就是坚持的过程，家长要让孩子看到希望，看到家长的认可，他才认为自己的付出得到了回报。

家长可以根据自己孩子的实际情况灵活安排。我在培养孩子习惯的过程中，会使用总量控制法，就是规定一天的学习总量，让他自己制订计划，如果提前完成且达到约定的质量，他就可以去做自己喜欢的事情。这种方式对我家孩子的激励作用非常明显，他会将很多事情提前做完，节约出时间来安排自己的事情。后来他在学习过程中不拖拉、乐于提前做完学习任务的习惯都是在小学时形成的。

叶圣陶先生说过："凡是好的态度和好的方法，都要使它成为习惯。只有熟练得成了习惯，好的态度才能随时表现，好的方法才能随时随地应用，好像出于本性，一辈子用不完。"好的习惯使人受益终身。

08 | 利用代币奖励法
培养孩子习惯

Case

　　一个小学五年级的男生，在学校表现一般，成绩中等。他的主要问题是回家时表现太差了，他妈妈说，看着孩子写作业，心脏病都能急出来。在咨询中发现，这个孩子不仅写作业速度很慢，还爱做事拖延，经常磨蹭到很晚才开始写作业，家长陪伴、提醒无济于事。写作业时他一会儿要喝水，一会儿上个厕所，从厕所出来又拿起手机玩；现在开始在学校不想听讲，在家不愿意写作业。家长担心再这么下去，这孩子就废掉了。

　　这个案例让我们看到了一个没有自制力的孩子。

　　家长和老师在日常的学习中会有意识地培养孩子的自制力，但经常会发现孩子根本不配合。有些家长也想培养孩子管理时间的习惯，制订了计划，但是孩子没兴趣，中途耍赖，家长无法做到有效的监控，慢慢地也放弃了，计划自然夭折了。

下面给大家介绍心理学中的代币奖励法助力家长培养孩子的习惯。

什么是代币？

代币就是一种虚拟货币，不是真实的货币，却具有货币的功能。孩子获得一定数量代币之后，可以从家长那里换取他喜欢的东西。当然代币越多，孩子可以换取的东西越有价值。

什么是代币奖励法？

通俗地讲，就是将代币作为一种手段，家庭内部人为地设计一种奖励办法，把奖励的结果用虚拟的货币来量化。按照亲子之间协商的规则，孩子完成规定的任务就可以获得相应数量的代币，让孩子在执行计划的过程中可以看到奖励在量上的变化，以此激励孩子将优秀的行为与做法坚持下来，从而形成稳定的、有利于学习与成长的习惯。

代币奖励法在培养孩子习惯的过程中如何操作才有效？

我们以管理时间的习惯养成为例，上一节提到，它需要三个步骤，第一步是与孩子一起制订计划，第二步是陪伴孩子执行计划，第三步是给予孩子积极的反馈。

在陪伴与执行的过程中，经常会出现不和谐的场面：孩子坚持不住了、厌烦了，家长仅有的耐心也达到了极限。那么如何防止这种不和谐的局面出现呢？这就要充分利用好第三个步骤——给予孩子积极的反馈，利用奖励制度稳定孩子的心态和行为。

我们知道，奖励有物质方面的，也有精神方面的。单纯的、长期的物质奖励非常容易让孩子形成一种不恰当的价值观——只将目光盯在奖励的物品上，而忽视了做这件事情的目标与意义。单纯的精神鼓励对孩子的激励作用仅能维持一小段时间，对于同样的鼓励话语，孩子听多了会慢慢地厌倦，话语也就失去激励的作用。心理学中的代币奖励法是物质奖励与精神奖励的结合。

在执行计划的过程中，家长的积极反馈可以依照表 3-1 进行细化。

每个家庭都可以参照上面的格式画一张计划执行与监督表。当然，在**利用代币奖励法执行计划的过程中，需要注意四点**。

第一，坚持协商原则。假期时间管理的计划必须是家长与孩子协商确定的，家长不能强制执行，更不能一厢情愿；完成任务之后的奖励也是协商确定的，备注内的累计奖励也要协商确定，只有这样，孩子才会心甘情愿地去坚持。

第二，坚持适度性原则。孩子完成一定的任务、做出一定的行为获得相应的奖励，这是没有问题的，但是这种奖励必须与行为的难度相适应。难度高的行为获得的奖励可以大一些，难度低的行为获得的奖励要小一些，需要说明的是，所制订计划中任务的难易程度需要家长与孩子共同认定，采用何种代币奖励的方法也需要尊重孩子的意愿。当然，如果孩子对奖励的要求过高，做一点儿小事就要求过高的奖励，家长也都全盘接受，这反倒会对孩子造成不良的影响。

第三，坚持适度惩罚的原则。如果孩子在规定的时间内不能完成规定的任务，需要有一定的惩罚措施，例如，扣除一些代币，这样才能对孩子的行为具有一定的约束力。正确的奖励行为会使孩子的优秀行为保留下来，正确的惩罚行为会使孩子知道不良行为需要付出一定的代价，让孩子成为一个尊重规则的人。

表 3-1　计划执行与监督表

时间：　月　日 — 　月　日

任务	周一	周二	周三	周四	周五	周六	周日	一周完成奖励	未完成1项扣罚
30 分钟内背会单词 10 个	√	√	√	√	√	√	√	2 张代币	1 张代币
1 小时内写英语作业本 5 页	√	√	√	√	√	√	×	4 张代币	1 张代币
1 小时内完成数学计时训练小卷一张，错误率不高于 20%	√	√	√	√	√	√	√	4 张代币	1 张代币
……									

备注：5 张代币可增加游戏时间半小时（或吃一顿美食）……
25 张代币可外出游玩一次……
50 张代币可以买……

第四，坚持奖励与说解相结合。很多家长，尤其是在孩子小的时候，教育孩子的时候不说明情况，直接打或直接骂，孩子经常是丈二和尚摸不着头脑，不知道自己错在哪儿。

在代币奖励执行的过程中，每执行一次奖励都必须进行一次说解。家长要告诉孩子，家长奖励的不是孩子所做事情的结果，而是他在做事过程中的付出与努力，让孩子在形成习惯的过程中有意义感与价值感。有些孩子在家长的说解下，会更加清晰地理解做这件事情的意义，从而更好地坚持下去，增加成就感、荣誉感与幸福感，有的孩子在执行计划的过程中越来越自信。因此，如果孩子在执行的过程中还有不足的话，可以提醒他并与他进行探讨。我认为，这才是教育的真正样子。

从某种意义上来讲，代币奖励是一种外部奖励，外部奖励并不能变成孩子的内部驱动力。如果想让代币奖励法发挥不一样的作用，家长需要在执行的过程中把第四点做好。一定要让孩子知道，他所获得的奖励是对自己付出、努力与坚持意志的肯定。逐渐地，孩子做事与执行计划不再是为了奖励，而是为了自信、自尊和价值感，那么此时，外部驱动力就变成了孩子成长的内部驱动力。

当然，**教育不仅是科学与坚持，还是艺术与变通。**家长在陪伴孩子的过程中，如果发现孩子出现一些非预期的优秀行为，一定要及时鼓励，让孩子知道行为背后的原因与意义。

代币奖励法是帮助家长约束孩子的一种方法，代币奖励法运用得好，可以让孩子看到努力的回报和坚持的价值，让孩子获得极大的成就感。它既可以助力孩子养成良好的行为习惯，又可以从外部的角度帮助孩子提高自律性。当然，家长与孩子所协商的代币兑换法很重要，家长要引导孩子用代币换取对孩子成长有价值的东西，不能过分纵容孩子沉迷于享乐性的物质。如果方法使用不当，一些孩子就会只是为了享乐性物质而学习，一味地追求结果而忽略过程。

09 | 孩子粗心大意怎么办

Case

　　一位高二的男生，平时学习中反应很快，课堂上总是抢着回答问题，思维活跃，老师很喜欢他，家长每次听到老师的表扬都非常开心。但是让家长不开心的一件事情是，孩子每次考试成绩都非常不理想，每个学科的得分都比孩子自己预估的分数低一些。看到试卷时发现，每道错的题都不是不会的，但就是不能得到满分，或者根本得不到分。对此，家长与孩子都非常苦恼，不知如何是好。

　　现实生活中，还有很多孩子和这个家庭有同样的苦恼，因为孩子在平时的学习中感觉已经学会了，但是一做题却总是做不对。有些孩子做题时会出现"会而不准""会而不全"等现象，导致无法取得理想的成绩。下面我们就简单分析一下原因。

　　我认为，孩子出现任何行为，都是家长与孩子相互作用的结果，单纯由孩子引起的问题是不存在的。

　　通常情况下，大多数家长对孩子出现的"会而不对"这类问题，会用"粗心大意"一言以蔽之。家长说："我家孩子这次考试太马虎，粗心大意了，所以没考好。"孩子也会说："我这次怎么这么粗心呢？下次一定注意。"家长与孩子的共识是，粗心大意是随时可以纠正的小问题，甚至都算不上问题。家长与孩子这种想法的依据是，孩子在考试中出现"会而不对"的细节问题并不是原则性问题。例如，有的孩子把题干看错了；有的孩子将格式写错了；有的孩子是解题过程写得都对而结果算错了；有的孩子甚至是题目做对了，转涂到答题卡上时抄错了。

我认为，以上的观点是错误的。如果按照以上的观点指导孩子的学习，家长和孩子就会轻视这一问题，掩盖真正的原因或忽视问题的实质，无法采取相应的训练行为或弥补措施。

谁都有粗心的时候，但是粗心只是一个表象，其背后可能有一个甚至多个更深层的原因，且在不同的孩子身上表现不同，其原因所占的比例也有差别。

借助心理学的相关知识，我认为"粗心大意"（俗称马虎）可能有以下四个方面的原因。

第一，粗心的背后是思维的不严谨。

严谨性主要指的是思维的全面性和思维各个角度的逻辑性。家长可以仔细观察一下粗心大意的孩子，看他的思维是否经常跳跃、连贯性差，孩子是否总忽略重要内容，或者做事情比较无章法、逻辑性差。如果是这样，那么这类孩子并不是考试时才粗心，日常生活中也经常由于"马虎"而导致漏洞频出。他们看似很用功，但做题时经常抓不住要点，做完之后又不愿意认真检查。这类孩子就是由于思维的不严谨才出现"会而不对""会而不准""会而不全"的现象。对于这类孩子，要想提高成绩必须进行系统的思维训练。

如何提高孩子的思维严谨性呢？

首先，要借助有效的方法改善其思维习惯。

读题时用笔在题目上画线，保证不漏掉任何一个关键信息，形成良好的读题习惯，减少思维跳跃带来的问题，失误率会大大降低。

家长也可以鼓励孩子通过错题本提高思维的严谨性。现在很多学校都在倡导学生使用错题本，错题本可以帮助记忆、归纳与总结，对于粗心的孩子就是"粗心大意矫正本"。在学习中，凡是因为粗心造成的失误都写在这个本子上，既填补了知识漏洞，又能起到及时提醒的作用，帮助孩子有效改进。

其次，要有意识地进行思维能力训练。

思维能力是可以通过训练提高的，不良的思维方式是可以通过训练矫正的，每个孩子都可以依据自己的特点进行设计。简单易行的方法就是列清单，即在做题时或在日常生活中处理问题时，采用列出清单的方式，通过固定的步骤在头脑中形成一种稳定的思维模式。以做题为例，设计以下五个步骤提醒自己保持思维的严谨性。

第一步，用笔点读题干，对关键信息进行标注，养成认真读题的习惯；

第二步，找出题干中要考察的知识点与能力点；

第三步，回忆并提取出相应的知识点及拓展内容，依据题义进行作答；

第四步，查漏补缺，检查一下题干中的所有信息是否都使用，检查作答是否全面，寻找遗漏点；

第五步，将自己所写的答案与题目进行再次比对，保证万无一失。

只要做题时严格按照以上五个步骤进行，思维不严谨的问题就会大幅度改善。当然，每个孩子在思维模式上略有差异，但是头脑中是必须具有解决问题的完整步骤的。坚持下去，这种列清单的做事与解题方式就会大大提高思维的严谨性，"会而不准""会而不全"的问题就会有所改善。坚持得越好，训练得越用心，不良的思维习惯越会改善得明显。

第二，粗心反映出孩子做事注意力容易分散的特征。

我们都知道，注意力越集中，学习效果越好，考试越容易取得好成绩。如果孩子在平时经常一心二用，这会导致注意力分散。例如，有的孩子总是喜欢一边写作业，一边做其他事，或者是写一会儿作业就去做其他事，这样一来，注意力就无法长时间集中，也就无法保证高质量的学习。

注意力分散会伴随出现一些低级错误，比如记错、看错、抄错、算错。

当然，有些孩子注意力不集中也有家长的因素在。由于家长不放心孩子单独学习，或总想检查一下孩子是否在认真学习，因此会采用各种方式去试探，例如，孩子写作业时，家长一会儿送杯水，一会儿送水果，一会儿问孩子饿不饿。这些做法都是干扰孩子注意力的行为，经常性的干扰行为直接导致孩子注意力不集中。

正确的做法是，孩子回到家写作业时，家长就要把孩子书桌旁边所有分散他注意力的东西拿走，更不要故意干扰孩子，要给孩子提供最好的专注环境。

第三，粗心反映出孩子急躁的性格特征。

性格因素也会引发粗心大意的行为。有些孩子性格急躁，做事追求速度，忽略了质量。他们的外部表现通常是头脑灵活、反应较快，喜欢在老师和同学面前表现自己，喜欢主动做事，上课争着回答问题，做练习和平时考试交卷的速度非常快，但是练习质量不高、分数不高、错误较多，因为他们手上的动作永远跟不上大脑的运转，会出现明显的不协调现象。久而久之，这种急躁的性格使他们形成一种习惯——思考问题时简单、草率，答题时便漏洞百出。

对这种性格急躁的孩子，家长不能采取粗暴的方法去指责、干涉。越责骂，他们越无所适从。家长要耐心地指导他们如何静下来去做事、如何放慢步子去体验生活中的事情。家长的耐心是解决孩子急躁的最重要因素。

当然，有些家长对孩子的反应迅速经常沾沾自喜，这无形中助长了孩子在一知半解时就发表意见的习惯。对这类孩子，家长要做的是提醒孩子，一件事情要想清、想全、想透之后再发表意见，这样才能获得更好的肯定。

第四，粗心意味着态度不认真、责任意识不强。

如果孩子在成长过程中，父母从不让孩子负责任，孩子对很多事情都会不上心。人的能力与态度都是会迁移的，这样的孩子，他们做任何事情都不会以认真的态度去完成。

如果是这个原因导致的粗心大意，从现在开始，孩子出现的问题让他自己承担相应的责任。例如，有的孩子上学忘了带作业，他的家长就会争分夺秒地帮孩子回家取作业，这种教育方式怎么能培养出有责任感的孩子呢？建议家长让孩子自己承担不交作业的后果，孩子的责任感才会逐渐形成。在现实生活中，让孩子承担他在家庭中应尽的责任，就是一种培养孩子认真态度的有效手段。

看似小问题，其背后隐藏着更深的信息，如果不进行系统训练，粗心大意的行为是很难调整的。不如着手分析原因，从现在开始行动吧！

Chapter 4 | 环境篇 |

营造滋养型家庭

中国有句古话，"3 岁看大，7 岁看老"。父母越早意识到教养方式的重要性，对孩子的教育就会越科学。当家庭教养方式已历经数年，孩子已经形成某种习惯、思维或个性特征，再去调整，无论家长还是孩子都需要付出更多的艰辛与痛苦。本节将讲解完美型、控制型、放任型、溺爱型和冷漠型这五类容易出问题的父母养育类型，并探讨父亲对家庭教育的意义，助力营造滋养型家庭，打造良好的家庭教育环境。

01 | 小心完美和控制
让孩子"窒息"

我接待过一个孩子，他的父母是"完美型"，因此他在考试中怕自己出错，做完一道题就检查，反复检查，甚至会因此无法答完整张试卷。他在心中默默流泪，却控制不住反复检查做过的题，明知无法完成试卷却无法自控。各位家长，这种煎熬你们可以想象得出来吗？但是这就是一个真实的案例。

我曾经的一个学生告诉我，他喜欢心理学，他的父母都是学经济的，于是在填报高考志愿的时候，他的父母坚决给他报了金融专业，不容商量。现在他已经进入社会，却依然无法与父母交流。

在心理学中，不同类型的父母对孩子的影响是不同的。

第一种类型，**完美型父母容易培养出对自己高期待、焦虑或逃避的孩子。**

　　这里的完美型主要是指父母的性格特点是追求完美。完美型父母的典型特征是既严格要求自己又严格要求别人。完美型父母的优点是，其自身成功概率很高，因为对己对人的要求都比较苛刻，做事的质量很高，所以其子女大多非常上进，是"不用扬鞭自奋蹄"的类型。完美型父母的缺点是，在他们眼里，孩子永远不完美，永远有做得不好的地方，永远有需要提升的空间。即使孩子很努力了，父母也不会满意，所以完美型父母养育出来的孩子非常不快乐。其实很多完美型父母本身也不快乐。完美型父母养育出来的孩子一旦能力不足，无法达到自己的预期时，他们就会陷入焦虑，非常痛苦。

　　即使完美型父母成功了，他们也不会因为成功而放弃对自己的要求、对子女的要求、对他人的要求，所以一般来讲，他们的幸福指数不高，他们孩子的幸福指数更低。完美型父母对孩子有着较高的期望值，对孩子有严格的要求，一旦孩子无法达到其预期，他们就会不断地寻找原因，不断地与孩子交流，使孩子承受巨大的心理压力，唯恐出现失误。

　　完美型父母会导致自己的孩子在性格上也有追求完美的倾向。为了不出错，孩子会焦虑难安；为了不出错，孩子会责备自己。有些孩子甚至具有强迫倾向。有的完美型孩子会在考试前不断地想"万一考不好怎么办"，明知道这样想会更耽误时间，却控制不住自己，无法集中注意力学习，异常焦虑。

　　在我将近30年的工作生涯中，我接待了太多具有强迫倾向的孩子，他们痛苦地挣扎。无一例外，他们都具有完美型性格。具有完美型性格的人属于悲观的一群人，他们由于敏感，也经常提早发现一些危机。他们中的很多人成了人们眼中的成功者，在职场中具有很大的优势。但是由于追求完美、苛求他人，他们经常处于纠结中，他们自己、他们的孩子以及周围的人往往并不快乐。如果你是完美型父母，请经常提醒自己，不要超过"度"，否则你的孩子会出现不同程度的心理问题。即使暂时没有出现问题，孩子内心也非常纠结与痛苦。我们要做适度的、理性的、健康的完美型父母，做把握好"度"的家长，才会让自己的孩子快乐。

第二种类型，**控制型父母容易培养出缺乏思想或叛逆的孩子。**

控制型父母是指控制孩子的思想和行动、控制家庭局势的家长。他们喜欢对孩子下命令，且命令不可违背，比如"你下周二开始上数学课外班""你不要和某某做朋友了""你必须这样做……"或"你不可以这样做……"，类似的话语是他们的口头禅。控制型家长的优点是，他们可以教会孩子有序地做事，尊重规则、尊重权威以及合理安排时间等，缺点是他们往往把握不好尺度，过度的控制可能会引起孩子的抗拒与叛逆，也可能使孩子走向另一个极端——形成讨好型人格特点，这会使孩子在社会竞争中不敢主动争取，没有创造力，严重者会与社会隔离。

有一对控制欲极强的父母，是什么体验？有些孩子会告诉我："我不愿意吃鸡蛋，我父母非常清楚这一点，但是他们让我每天早上必须吃一个鸡蛋，吃不完什么也不能干。"有的孩子会说："我父母的口头语是'问那么多为什么干吗，让你干什么就干什么得了'。"

控制型父母要决定孩子穿什么衣服、吃什么零食、选择什么样的人做朋友，孩子没有选择权和决策权，必须听父母的、只能听父母的。孩子只有无奈、反抗、痛苦、愤怒，最后是窒息般的感觉。

控制型父母大多比较强势，或者其中一方比较强势，他们用感情或情绪控制孩子，所以控制型父母教育下的孩子可能非常顺从、默默忍受、缺乏思想，遇到挫折会无所适从，很难适应社会；一旦遇到挑战，孩子就容易退却，失去向上的动力。当然，控制型父母养育的孩子也可能走向另一个极端——极度叛逆，与父母对着干，未来也会对自己的子女进行控制，活成他们"最讨厌的样子"。由于这样的孩子无法得到心理上的支持，情绪会经常大起大落，长大后，只要抓住一个机会，他们就会逃得远远的，再也不想和父母相见。无论哪一种结果，都不是我们愿意看到的。

从某种意义上讲，完美型父母和控制型父母都是非常有责任意识的父母，只是超过了一定尺度的完美与控制不利于孩子的身心发展。如果这两种类型的父母能够对此有清晰的认知，做好自我管理，还是会为孩子的成长提供一个良好环境的。我个人认为，**当我们成为父母时，我们就增添了一份自我省察的责任。**父母只有意识到自己的问题，并时刻提醒自己，才能在养育孩子的过程中更好地调整自我，让孩子的未来更美好！

世界上没有完美的人，家长要接受自己和孩子的不完美。家长和孩子的成长环境是不同的，每个孩子都不可能是家长的复制品，因此，过分控制孩子的家长不会培养出和自己思想一样的孩子，而只会将孩子越推越远，事与愿违。**教育孩子，父母必先自我省知；矫治孩子，父母必先自我调整。**

02 | 放手而不放任，
疼爱而不溺爱

Case

　　李同学是一个由爷爷奶奶带大的非常善良的男孩子，初二时才回到父母身边，高一开始成了我办公室的常客，总是和我探讨一些心理学的问题。我知道他请教问题都是借口，他想解决的是自己的问题，但是他不明说。他非常敏感、自卑，遇到事情比其他孩子更焦虑不安，非常没有安全感，具有轻度抑郁的特征。

　　有人说："幸福的人用童年治愈一生，不幸的人用一生治愈童年。"这句话将一个人童年经历的重要性体现得淋漓尽致，我们也由此可见，家庭为孩子成长提供的氛围有多么重要。如果从这句话出发，每位年轻的父母都有责任在孩子幼年时为他们提供科学的养育方式。有人说，这句话是著名的心理学家阿德勒的名言，但有些心理学工作者否认这句话是阿德勒说的，因为这句话本身带有消极的色彩，而阿德勒是依靠自己的理性认知及不懈努力走出了童年的困境，走出了心理阴影，从一个自卑者成为心理学界举足轻重的里程碑式的人物。

探讨不同类型父母对孩子产生的影响，不是为了指责父母，而是为了让父母更加理性，在培养孩子的道路上自知、自省，让孩子的成长空间更优、更好！

第三种类型，**放任型父母容易导致孩子缺乏自控力，出现冲动行为，在情绪上体验到更多的焦虑、恐惧和不安。**

放任型父母的典型特征是对孩子放任教养。他们对养育孩子持有的观点是"孩子自然而然就能长大"。他们经常说的话是"孩子大了，自然就什么都懂了""随他去吧……""长大了就好了……""反正该花的钱我都给你花了，剩下的就是你自己的事了……"。因此，他们对孩子成长过程中大多数的行为都采取放任自流和忽视不管的态度，在需要家长参与的事情上，放任型父母大多缺乏耐心，有些人会表现出厌烦情绪，甚至撒手不管。父母对孩子的成长没有什么合理的期望值和明确的目标指导，在日常行为习惯上也基本不会提出任何要求，当孩子在行为上出现偏颇时，也很少予以指导。

放任型父母有主观放任和客观放任两种类型。主观放任的原因可能是：（1）对于教育孩子在心理上有无能感，不是不想管，而是不知道如何管；（2）缺乏责任感，或者在思想上就错误地认为"无为"也是一种教育方式，所以即使整天陪伴孩子也心不在焉；（3）在孩子成长过程中害怕劳累，以为生完孩子就大功告成，交由爷爷奶奶等老一辈人养育孩子，造成父母没有权威意识。

客观放任的原因可能是：（1）父母工作太忙，无暇照顾孩子；

（2）由于单亲家庭等原因没有养育孩子的权利。

无论何种方式，最终的结果是一样的：孩子自由随性地成长，没有受到足够的教育和管束。

放任型父母的优点是，亲子之间很少爆发冲突或产生严重的矛盾，他们的表达方式经常是"我和孩子像朋友一样……"。缺点是，在放任型父母的教养下长大的孩子，缺少规则意识和责任心，甚至会出现行为放纵。

从孩子成长的心理学角度分析，任何一个孩子的成长都不是自然而然的过程，孩子在成长的过程中需要有明确的约束。这并不是要束缚孩子，而是给予孩子明确的行动方向，如果父母没有要求、没有批评，孩子会很迷茫。在孩子成长的过程中，父母明确的指令会满足孩子对安全感和确定性的需要，孩子会心安，会心中有数，会方向明确。放任型父母的教养方式则忽视了孩子这种需要，使孩子在成长过程中经常茫然不知所措。父母没有明晰的要求，孩子就会缺乏自控力，常常出现不当行为或不当言论，更不懂得为自己的行为负责。

从亲子关系的心理学角度分析，大多数放任型父母与孩子接触和交流的时间都少，孩子在心理上没有依恋的对象，因此他们内心敏感，渴望爱却不敢表达，容易感到焦虑、不安甚至恐惧。他们外表放纵，内心恐惧不安，极度缺乏爱，对情感饥渴，这些孩子是内心冲突最大、最矛盾的一个群体。

从家庭模式的心理学角度分析，放任型家庭大多存在着夫妻关系不和睦等问题，或者是单亲家庭。有些单亲家庭的孩子会被父母忽视，甚至再婚之后父母对其基本的生活需要都无法满足。

对于这样的孩子，我只能告诉他，努力地走出这个家庭，坚持到自己可以独立。

当然，采用放任的方式养育孩子还有一个弊端。每个孩子成长的过程中都有一个效仿的榜样，比如父亲或母亲；而在放任型家庭中，孩子在被忽视的同时，也失去了榜样的力量。有些孩子甚至成为父母闹矛盾时的出气筒，这会造成他们对未来的婚姻恐惧，进而产生不婚的想法；即使有了家庭，他们也容易缺乏责任感和义务感，对子女则可能依然采用放任的方式。

第四种类型，**溺爱型父母养育的孩子容易以自我为中心，放纵、骄横，甚至以身试法。**

从实质上来讲，溺爱是放任型父母的另一种表现，溺爱型父母是放任型父母中的一个独特群体，他们对孩子娇惯、纵容，盲目地认为只要肯为孩子花钱，孩子就会懂得父母的爱，就会学会做人之道。只要无条件地爱孩子，满足孩子的要求，孩子就会自然而然地知道感恩，成长为社会所需要的人。殊不知，溺爱这种方式只会让孩子走向自我放纵、骄横跋扈、自私自利、目中无人。

在父母无条件的放纵下，这样的孩子的典型特点是，对物质的欲望没有上限，性格唯我独尊，因此他们无法忍耐那些不能马上满足的期盼，无论父母怎么做，他们都不会知足。有些孩子在父母的溺爱下对别人拥有的东西心存嫉恨，严重者持有的观点是"我有的，别人不能有""我没有的，别人更不能有"。

溺爱型父母养育的孩子往往在人格发展上会出现问题，比如偏执、自大、自以为是。由于父母的无底线纵容，他们没有自控力，特别容易受到物质的诱惑，有的孩子在青少年阶段就会置公序良俗与基本的道德准则于不顾，甚至会违法犯罪。可想而知，这样的孩子如何能够适应社会成长。

家长学习家庭教育知识是为了自省，不是为了家庭内部互相指责，而是为了发展，为了给孩子更好的未来！

03 | 避免冷漠造成孩子
一生"爱失能"

> 我接待过一个来访的孩子，是个高中生。在她的印象中，母亲没有对她笑过，很严厉。她说，小的时候无论她怎么哭闹，她的父母总是很冷漠地看着她。她小时候母亲也很少抱她，生气时会把她锁在门外数小时。

第五种类型，冷漠型父母，是指家长对孩子内心冷漠，很少关心孩子的心理成长。他们的基本观点是"不少你吃不少你穿，你还想要什么……"。

我个人认为，冷漠型父母是最自私的父母，他们对孩子的伤害也是最大的。冷漠型父母本来是小众群体，但是现在的发展趋势是，越来越多的家长走向这一类型。

他们通常将自己的行为准则作为评判孩子行为的标准，如果孩子的行为超出了他们的生活准则，孩子的需求超出了他们的预期，干扰到了他们的生活，他们就会认为孩子是无理取闹，会表现出拒绝、否认的态度。他们通常不会因为孩子改变自己的行为准则或生活标准。

在冷漠型的家庭关系中，亲子关系就像上下级一般，常见的情景就是"当孩子想和父母分享自己的想法时，父母心不在焉，看着手机，不抬头看孩子一眼"。也可能出现一种情景——"只要孩子出了错，父母就不分青红皂白，劈头盖脸地一顿批评说教"。冷漠的家长大多看起来很严厉，他们对孩子冷漠的理由是——为了培养孩子的独立能力。

我认为冷漠型家长养育的孩子大多在内心要经历由希望到失望再到绝望的过程。孩子的内心从渴望爱到不会爱，再到失去爱的能力，以至于心理扭曲。

经过多年的实践研究，我发现**冷漠型父母养育的孩子主要有以下四个特点**。

第一，自我封闭，不会爱他人。孩子会把心底的秘密隐藏起来，内心孤独。他们的内心独白是，既然你对我感兴趣的东西没有兴趣，那么我为什么要关心你的感受呢？他们之所以缺乏爱的能力，是因为他们没有学习过如何爱他人。

第二，自我戒备，恐惧被他人爱。由于没有得到父母的爱与陪伴，孩子长大后对爱就有了一份高度的戒备感。当有人向他们表达爱意时，或有人对他们做出爱的行动时，他们往往不知所措，因为他们没有体验、没有学习过，不敢接受他人的感情。

第三，不会互动，缺乏共情能力。因为他们的父母以自我为中心，忽视、拒绝子女的情感或需求，因此他们很难清晰地感知到别人的情绪，更不知道别人情绪产生的原因。

第四，不会调节，缺乏消解负性情绪的能力。每个人都会有负性情绪，一般可以通过用话语表达负性情绪、寻求别人的心理支持等多种手段消解负性情绪，而冷漠型父母培养的孩子中，有些人根本不会表达负性情绪，有些人不敢表达，他们沉浸在负性情绪中并持续受到伤害。

冷漠型父母养育出来的孩子容易出现什么心理问题呢？

第一，出现自卑、敏感的问题。

冷漠型父母培养出来的孩子具有强烈的自卑感，他们经常遭到父母的讥笑、讽刺，感受不到父母对他们的接纳，所以他们的自我接纳水平也很低，这是他们具有自卑感的本质原因。

自卑感和敌意往往是先后出现的，由于自卑，他们不敢为自己争取机会，不敢去尝试，在机会来临时表现得犹豫不决、胆怯退缩。他们内心总感觉自己低人一等，因此不敢表达自己的观点，更不敢坚持自己的观点。如果此时有人否定他们或挖苦他们，他们就会表现出攻击性与敌意。

第二，出现敌对心理和敌对行为。

这些孩子由于父母没有与他们建立亲密的关系，因此也不会和其他人建立亲密的关系。由于他们感受不到父母的信任，所以也不会信任父母及其他人。因此，他们的生活中充满敌意，缺乏安全感使他们敏感多疑，具有极强的冲动性与攻击性。

冷漠型父母养育出来的孩子大多不会顺从，在青少年期间就可能出现不良行为，他们没有体验过父母为他们着想的幸福感，因此他们不会替别人考虑，对别人缺乏热情和关心，既充满敌对又冷漠。

第三，出现抑郁、自伤的问题。

由于冷漠型父母培养的孩子不相信别人会爱自己，内心的失落与绝望会使一些孩子出现抑郁、自伤的行为。本节开始案例中的孩子，上了高中后，她出现了严重的心理障碍，做出了自我伤害行为。

冷漠型父母大多也被父母冷漠对待过，极端的冷漠型父母并不多见。但是，新一代父母中，越来越多的人以自我为中心，对孩子缺乏基本的关注，对孩子的行为缺乏回应；他们越来越注重结果，而不是孩子成长的过程。部分家长会利用冷漠作为教育的手段。各位家长，**你们的冷漠会造成孩子一生"爱失能"。**

父母对孩子的影响力是存在"有效期"的，当孩子走入社会时，父母对孩子的影响力已经微乎其微了。在孩子成长的前10年、前15年，如果父母没有好好地关注孩子的内心，给孩子带来的是负面的、痛苦的影响，那么在孩子成年后，一切都不可逆了。所以当孩子还在父母身边时，当他们的眼睛还聚焦在父母身上时，请家长们听听他们的声音，好好地爱他们，让他们带着爱走入社会，带着爱生活！

04 | 父亲不能缺席孩子的成长

Case

    家长最怕孩子早恋，我见过对恋爱态度最坚决的一个女孩子是一所市属重点高中的优秀生，她交往的对象是一个大家眼里的"差生"。但是，无论任何人反对，她都坚决地要和那个男孩子在一起，她的理由是那个男孩子"给了她别人无法给予的温暖"。后来，我了解到，那个女孩子的爸爸常年在外做生意，很少回家，更不能陪伴她成长；即使短暂地回家，对她的要求也非常苛刻。这个女孩子从男孩子身上得到的所谓的"温暖"，就是由于爸爸缺席而使她无法在家庭里得到的。

有心理工作者认为，母亲决定着孩子的归属感（安全感），父亲决定着孩子的分离感（独立性），这是家庭的两个最基本的心理意义。有些父亲会认为，教育孩子是母亲的责任。这种观点是错误的，父母任何一方如果不承担家长的责任，就要承受家庭教育不当带来的后果。

现在关于家庭的流行词很多，比如"丧偶式婚姻"，与之相伴的应该是"丧偶式养育"。顾名思义，丧偶式养育主要是指在孩子的成长过程中，父亲不关心、不陪伴，关于孩子的生活、学习等一切事务都由母亲承担的家庭教育方式。最集中的表现是父亲缺席孩子的成长与教育过程。

我在网上看到这样一个说法："美国心理学家发现，一个人能够取得成就，20% 取决于后天努力，80% 取决于父亲的教导。"我个人认为这句话的表述具有一定的片面性，这句话应该更想强调在现实生活中，许多家庭忽视了父亲在孩子成长中的作用。对"80% 取决于父亲的教导"这个结论我也没有进行过考证，但是由于学业的要求，2012 年我的博士毕业论文，恰恰对父亲在孩子成长中的作用进行了深入研究。尽管只是一个侧面，但是可以说明一定的问题。

我的研究是对东北三省知名高中的 3000 多名学生进行了多视角的专业心理测量，其中包括家庭教育方式与学生学业能力关系的研究。在研究中，我特别关注了东北三省理科能力突出的学生群体，就是我们通常所说的"理科能力优长生"。

通过数据分析发现，在理科能力优长生群体中，父亲对孩子成长的参与度普遍非常高，父亲在孩子的成长中发挥了非常重要的指导作用；而在其他学生群体中，父亲对孩子的关注就相对比较少。也就是说，父亲在养育过程中的参与、付出和坚持可能会培养出学习成绩更优秀的孩子。所以，如果你是一位父亲，如果你的孩子不够优秀，不要急于指责孩子及孩子的母亲，更重要的是反思自己，**父亲才是孩子是否优秀的决定性因素**。

为什么父亲在孩子的成长过程中具有决定性作用？我想主要有以下几个方面的原因。

第一，父亲意味着力量和权威。

母亲的"慈母"定位使许多母亲在孩子心目中的角色以"烦恼的倾诉者""生活的关爱者"为主，这样的角色往往有利于对孩子心灵的慰藉，而并不是一个家庭的权威、孩子心目中的崇拜者。因此，孩子可以将母亲的话语定位为关心、唠叨等，但绝不是必须遵守的准则。父亲则恰恰相反，其角色是家庭的支柱、母亲和孩子的依靠，所以父亲的话语与行为对孩子内心可以产生更大的影响，孩子非常希望通过自己的努力和能力的提高改变自己在父亲心目中的地位。

第二，父亲的养育方式更有利于提升孩子的独立性。

在陪伴方式上，与母亲相比，父亲的耐心更少一些。许多父亲的思维方式是简单直接地表述几句，然后将问题抛给孩子，这个略显粗糙的养育方式反倒可以为孩子提供独立思考与独立动手的能力。尤其是孩子在小学阶段，父亲的陪伴，哪怕是嬉戏的方式，都非常有助于孩子的脑力开发，以及让孩子的性格形成独立性。

第三，父亲的养育方式可以提升孩子的理性思维水平。

男人与女人在心理上存在差异，我们不得不承认，女人普遍敏感、感情充沛，大部分母亲的思维方式是比较感性的。因此，当孩子遇到挫折时，母亲可能会与孩子一起焦虑不安、情绪起伏波动。当母亲在养育孩子的过程中遇到打击时，会烦躁不安、阴晴不定，这对孩子的感性思维发展具有较多的影响。父亲则是比较理性的，面对困境时，会表现得临危不乱，能够从更客观的角度去处理问题。因此，如果父亲在孩子的成长过程中陪伴孩子的时间足够多，就会在潜移默化中帮助孩子提升理性思维的能力。遇事不会马上惊慌失措，这对每一个孩子来讲都是非常重要的，尤其对于男孩子来讲更重要。

第四，父亲的陪伴有助于提升孩子对性别的认同。

现在很多男孩子缺乏"阳刚气"，女孩子进入社会后不会与异性交往，这往往与父亲在孩子成长过程中的陪伴缺失有关。

对一个男孩子来讲，父亲是他学习的榜样。男孩子通过与父亲的交流来观察、模仿男性的行为与处理问题的方式，所以父亲的陪伴使男孩子对男人的概念有正确的认知，成年后更具有男性气概。男孩子如果一直由母亲养育，母亲温柔的性格容易使他发展成多愁善感、胆小怯懦等性格。

对女孩子来讲，父亲是她人生中接触的第一位男性，在学习与异性交流、交往的尺度与方法方面，父亲比母亲的作用大很多。女孩子可以在父女关系中学习如何与男性交往，明确异性交往中什么模式是适当的、什么心态是正常的。如果女孩子经常看到一个对家庭具有高度责任感、对妻子与孩子充满爱、经常陪伴孩子与妻子的父亲形象，未来她才能建立优秀丈夫的标准，才能有正确的择偶观。

缺失父亲陪伴的男孩子可能会优柔寡断、性格软弱；缺乏父亲陪伴的女孩子在成年后，特别容易被肤浅的男女关系吸引。

2012 年，我的博士论文研究中大量的数据表明，孩子尽管获得了母亲较多的温暖或保护，得到了母亲的理解与鼓励，但是父亲的教育对孩子不仅是必需的，而且会由于父亲的权威地位产生更大的影响。

　　对家庭来讲，父亲是孩子通往外部世界的一扇窗，父亲在孩子成长过程中的作用是母亲根本无法代替的。因此，孩子在成长过程中，与母亲的关系是否和谐，会影响孩子的情绪，也会影响孩子在未来婚姻生活中是否幸福；与父亲的关系是否和谐，会影响孩子的性格是否独立，处理事情是否理性、勇敢、自信，在未来的事业中是否有较大的成就。

05 | "别人家的父母"四大共性

Case

　　每个家长心中都有个优秀的"别人家的孩子",不用细致询问,各位家长就可以给出无数个"别人家的孩子"的真实姓名和所取得的成绩。此时,很多家长会慨叹,自己命不好,没有遇到一个省心、懂事、聪明伶俐的孩子。

　　从心理学的角度分析,"别人家的孩子"的父母是具有共性的。下面我简单总结一下,供大家参考。

　　第一,优秀孩子的父母会设计出大量亲子交流时间,尤其是父亲对孩子的陪伴更多,与孩子的交流更深入。 这些孩子的父母大多心甘情愿地牺牲了自己的乐趣,缩小了自己的私人空间减少了私人时间,用心陪伴在孩子的身边。他们不是为了监督,也不是为了挑剔,而是为了让孩子更有安全感和自信心。成绩优异且心理品质优秀的孩子,他们的父母为了孩子互相妥协,不计较夫妻之间谁对谁错,将更多的感情放在陪孩子一起笑、一起哭、一起成长上,所以,这些父母大多对孩子的内心非常了解,几乎了解方方面面。

我认为，这是每一个优秀孩子的父母必须具备的素质。也就是说，如果父母希望自己的孩子优秀，一定要去陪伴孩子，并且是用真情陪伴孩子。有些孩子父母中的一方陪伴得更多，这些孩子也很容易成功，但是其中有一些孩子由于缺少其中一方（大多是父亲）的陪伴，在心理发展方面会有一些遗憾，或敏感，或任性，或心理冲突更多。孩子不同，表现不同。

第二，父母养育类型基本保持一致，且为理性控制型家长。 我们之前讲过，控制型家长一旦超过"度"的界线，就会对孩子的成长造成负面的影响，所以建议家长要理智。

2012 年，我的博士毕业论文以 3000 多个孩子及其家庭为样本进行了深入研究，对 3000 多名孩子的父母的养育方式进行了聚类分析。由于我的采样来自黑龙江省、吉林省和辽宁省的重点高中，所以在研究中仅出现了三种典型的家庭教养类型：一是协商养育型，父母平等地对待子女，并给予子女很多自主权，这种类型占36%；二是理性控制型，父母既关注子女的成长、给孩子足够的心理温暖，同时又会控制与管理子女的生活，这种类型占 42%；三是严厉型，父母对孩子惩罚较多、拒绝否认较多，缺乏理解与关怀，这种类型占 22%。在聚类分析中，并未发现对孩子完全放任不管的父母养育类型，当然这一结果与学生样本均来自三个省的重点高中有关，如果在普通的中小学做调查，各种父母养育类型应该都有。

我的研究表明，既关心子女成长，又对子女的发展进行适度管理与控制的父母培养出来的孩子相对更优秀。

理性控制型家长对孩子的成长是非常关注的，他们会参与孩子成长的全程，关注孩子成长的每个细节，尊重孩子、提出建议，他们的教育方法一定是协商性的。他们对孩子在成长的每个阶段都给予特别大的耐心与宽容，不会强制孩子怎样，在一些孩子自己可以做决定的事情上，把决定权交给孩子。

在"父亲不能缺席孩子的成长"一节中，我也明确指出，要想培养出学习成绩更优秀的孩子，父亲需要参与得更多、投入得更多。父亲给予孩子的温暖，对孩子的心理与行为起着决定性作用。

当然，父母的养育方式存在差异，会让孩子无所适从，所以建议父母先进行内部协商，不要将相反的观念同时传递给孩子。

第三，每个优秀孩子的父母会让孩子的内心充满希望，感觉学习是快乐的，至少不会讨厌学习。 几乎每一个成功家庭的孩子对学习都怀有一种特殊的情愫，那就是随时随地快乐学习，特别优秀的孩子都是"在玩中学"，能充分体验到学习的乐趣，所以他们对任何事物都充满强烈的求知欲与好奇心。这不是孩子天生的，是父母从孩子小的时候对孩子启发、引导的结果。

这种希望与快乐，是在孩子无数"试错"的行为中被家长肯定、鼓励的结果，是家长能够发现孩子的优长并顺势引导的结果，是家长陪伴孩子一起克服困难、寻找方法的结果。所以，父母对孩子的学习一定要有科学理性的认识，尊重孩子的天性，挖掘孩子的特长，顺从孩子的心理成长规律，例如，孩子进入青春期时不能和孩子针锋相对，要学会示弱，这样孩子学习时才有可能是快乐的。

第四，每个优秀孩子的父母大多重视孩子非智力因素的培养。

孩子如果不自信、易焦虑、自控力差，不仅容易被外界诱惑，而且可能对学校、社会充满敌意，易为人际关系等外部事件所困扰。所以优秀孩子的父母大多重视孩子的意志力、耐力、亲和力等非智力因素的培养，因为只有这些因素才可以保证孩子最终走向成功。

如果哪个父母在孩子取得一点成功就开始炫耀，让孩子翘起骄傲的尾巴，那么这个孩子可能会以失败告终，即使他的智力水平很好，思维很灵活。在家庭教育中，家长理性自知，还需要引导孩子具有自知之明，对知识、事物、人际关系和阶段性的学习结果抱着开明的心态。只有这样才能让孩子不断进步，孩子才有机会走向成功！

我们都知道，孩子的青少年阶段是他人生最重要的时期，当然也是他人生发展的矛盾期与动荡期，这一时期的孩子一方面希望得到公正的对待，希望得到家长和老师的理解，能够独立自主；另一方面，他们还不能完全自主地约束自己的行为，缺少足够的能力去应对社会事务、处理矛盾，还需要家长的引导、督促与决策。所以培养一个优秀的孩子没有捷径，父母要用真情陪伴，遵循孩子的成长规律，尊重孩子的个性特点。父母要让孩子自己思考，不要包办代替，让孩子经历他们应该经历的一切；在重要的时间节点能约束孩子的行为，严格地管理，正确地干涉，引导他们的发展方向。这样，孩子就能在学习方面、在对自我的认知与情感等方面处于一个最好的状态水平，逐渐走向成功。

06 | 适度关注更松弛

Case

　　在中考期间，有一位妈妈说："孩子不让我去陪考，但是如果我不去陪考，在家里就坐卧不宁、心神不安，因为孩子从小到大都是我看着长大的，重大的考试不陪着，似乎就代表着我内心对孩子的关注不够。"

　　家长关注孩子、爱孩子是天性。是不是百分百的爱，加上全方位、全时段的关注才是最好的呢？

　　我们从心理学的视角来看，关注究竟是什么。

　　关注，指的是关心与注意。关注的形式就是看与听，即对别人感兴趣，将注意力放在这个人的身上。关注对应的心理学名词是"注意"。

　　注意是人人都具有的一种状态，最突出的特征就是集中性与选择性。所谓的集中性，就是将目光聚焦在重点上，而非全方位；如果注意分散了，效果反倒不佳。例如，一个家长对孩子所有的方面都关注，那么不仅每个方面都不会达到预期效果，还会引起被关注对象（孩子）的反感。所谓选择性，就是选择特定对象

（对于家长来讲就是孩子）积极的一面或消极的一面予以注意。所以注意分积极注意和消极注意两种。

如何关注（注意）孩子才更科学？

首先，从关注的集中性特点来看，家长不能过度关注孩子。

过度关注孩子的表现形式主要有两种。第一种是家长将自己的注意力全部集中在孩子身上，过于担心孩子；孩子做什么，家长都要帮忙，甚至全部包办代替。第二种是过度爱孩子，为孩子提供了全方位的、最优的条件，孩子出现任何事情，家长第一时间为孩子分忧解难，孩子不需要对任何事情负责。

过度关注会给孩子带来哪些影响？

第一，增加孩子的心理压力。

父母爱孩子，关注孩子生活与学习的方方面面，在父母看来这是无私的爱和无条件的关注，但是在孩子看来却是无形的压力。父母为孩子的付出就是为了让孩子能够全身心地投入学习，所以父母对孩子关注越多，说明对孩子的要求越高、期望越高。孩子会非常清晰地意识到这一点，他们知道，一旦成绩没有达到父母心中的目标，会让父母失望，所以他们受到的关注越多，压力越大。例如考前，父母请假专门照顾孩子的起居，无微不至，很多孩子内心只有压力感，没有安全感，因为他们不知道自己是否能够达到父母内心的期望目标。

第二，缩小孩子的成长空间。

在家庭教育中，很多家长对孩子成长空间的理解非常狭窄，他们认为孩子的成长空间就是孩子的生活空间，就是孩子的衣、食、住、行和学习。由于父母认为这个空间都是他们为孩子提供的，所以他们就是孩子成长空间的主人，他们就想控制孩子的成长空间。家长经常说的一句话就是："我为你找了最好的学校，让你和最好的老师学习，为你提供了最好的生活条件，你就负责'学习'一件事，有什么做不好的？"

还有一小部分家长，认为自己非常关心孩子、爱孩子，随着孩子逐渐长大，想了解孩子的一切消息。孩子接电话，家长想偷听孩子在和谁聊天，一有机会就查看孩子隐私等。这样的关注方式不仅会引起孩子的反感，还会影响孩子正常成长。孩子没有机会体验人际关系，因为父母已经帮他处理好了；孩子无法形成独立生活的能力，因为父母已经替他们安排好了。在这种情况下，孩子怎能自主、健康地成长？

蒙台梭利博士曾说："人们面临的最大问题之一，就是他们没有认识到，儿童拥有一种积极的精神生活……空间对他们来说就是必不可少的。"这里的空间就是指孩子成长的心灵空间。

其次，从关注的选择性来看，家长要选择积极关注而非消极关注。

所谓积极关注就是以积极的态度看待孩子，注意强调他们的优点，有选择地突出孩子言语和行为的积极、光明、正性的方面，从而使孩子拥有积极的价值观，拥有自己发展的内在动力。例如有的家长选择对孩子宽容大度的特点给予肯定，孩子就会心胸豁达。

消极关注则反之，有的家长关注孩子身上发生的消极的事情，或者孩子的缺点，比如经常说"别人都能做好，你为什么做不好""某某去竞选了班干部，你怎么不行呢"。

从心理学上来讲，消极关注更符合人的本能，因为在这种情况下，可以将责任转移到被关注者（孩子）身上。我接待过一个初中生，他一直对自己没有参加校学生会干部竞选不能释怀，其实以他的性格，即使参加了竞选也未必成功，但是由于家长长期的消极关注，孩子的自责感、内疚感比同龄孩子高很多。

消极关注还可能会对孩子个性的形成产生极大的负面影响。

最后，做到积极关注不是一件容易的事情，需要家长有意识地控制并训练自己。

很多孩子心理问题的发生，都与家长的过度关注以及太多的消极关注相关。如果家长对孩子的关注与爱已经让孩子窒息，那么孩子就会选择反抗、叛逆、桀骜不驯，甚至怀疑家长所做事情的动机。当家长将孩子的成长空间压缩至极限时，孩子就会自己创造一个生存空间，这时候孩子的心理就发生了极大的变化，家长再想与孩子沟通，就相当于与孩子在不同的空间里进行对话，或者说是在不同的频道上对话。

所以，父母应该理性地反思一下，自己对孩子的关注是否适度，过度关注本身就体现着家长的一种不健康的心理。家长可以给孩子更好的爱，但不是令人窒息的爱；家长可以给孩子积极的关注，但不是使孩子产生依赖心理和内疚心理的关注。

给予孩子适度的爱、适度的关注、积极的关注不仅是家长的责任，更是家长的教育观念与能力的体现。关注孩子的心灵，而非"关住"孩子的心扉，该放手时就要放手。放手也是一种爱，只有给孩子足够的成长空间，孩子才能健康成长！

07 | 成长环境差的孩子
容易出现心理问题

Case

　　一位年级主任给我讲了一件事。在他负责的初二年级，一个女孩子早上没来上学，问家长也不知道孩子去哪儿了，老师非常着急，因为这个女孩子平时少言寡语，从来没有露出过笑容，不合群。调取学校门口的监控录像才知道，孩子在学校门口下了校车之后离开了。后来几经辗转，在高速客运站查到了孩子上车的录像，在客运公司的协助下平安地找到了孩子。问她为什么坐车离开，她哭着说爸爸妈妈离婚之后，她由奶奶抚养，昨天知道爸爸再婚了，她就再也不可能和爸爸生活在一起了，所以想去找妈妈……

　　每位家长都希望孩子健康成长，既包括身体健康，又包括心理健康。下面，我想和各位家长分析一下什么样的孩子容易出现心理问题。

先普及一个观点：每个人都不是百分百的心理健康者，都会有心理面临崩溃的时刻，都会有被负性情绪纠缠的时刻。因此，家长一旦发现孩子出现心理问题，不要大惊小怪，更不要惊慌失措。要及时分析原因，帮助孩子进行调整，使孩子能够回归正轨。

从本质上来讲，心理上的小问题就和生理上的小感冒是一样的。不同体质的人在疾病面前是有差别的，有些人容易生病，有些人的免疫力好一些，不容易生病。孩子的心理问题也是如此，较差的成长环境容易让孩子的心理出现问题。

成长环境主要是指心理成长环境。**孩子成长环境差主要包括两类。**

第一类，是指孩子在小时候缺乏母爱或父爱，或者同时缺乏父爱和母爱。

很多家长忙于工作无暇照顾孩子，便让爷爷、奶奶、姥姥、姥爷或聘请他人照顾孩子。当然也存在一些家长不是忙于工作，只是缺少责任感，忽视孩子。

上述情况已经不是个案，而是越来越普遍的现象。很多家长甚至会经常对孩子说："我给你提供的物质条件这么好，还有人专门伺候你，你有什么不知足的？！"

从科学上来讲，孩子缺乏父爱与缺乏母爱，心理发展是有差异的。因为父亲与母亲在家庭中的角色不同、分工不同，对孩子的影响是不同的。例如孩子从母亲身上获得的更多是情感的支持和生活的安排，从父亲身上获得的更多是精神的力量和方向的引领。母亲给孩子的生活带来安定，父亲给孩子的生活带来创新。安定且有创新的生活对孩子来讲是最理想的状态。

如果孩子缺乏父爱，母亲为了弥补父爱的缺乏，给予孩子过量的关爱与呵护，孩子长大之后就会出现胆小怯懦、心理脆弱、习惯性依赖等问题。从诸多的案例中可以看到一些规律，例如缺乏父爱的男孩子会偏女性化，缺乏男子气概；缺乏父爱的女孩子长大后容易依赖年长男性，或非常容易被男性的讨好吸引。当然也有些女孩子走向另一个极端，对男性缺乏信任，比较恐惧与男性交往，甚至拒绝与男性交往。

如果孩子缺乏母爱，影响可能还要更大。因为每个人出生之后是通过母亲来感知这个世界的，如果能够一直感知到母亲的关爱，孩子对这个世界就是信任的；如果感知不到，就会焦虑不安。高尔基说，母爱是世间最伟大的力量。缺乏母爱的孩子往往在两方面容易出现问题，一是人格不健全，比如自私、固执、任性、敌对、悲观、嫉妒、狭隘等；二是人际关系紧张，他们对所有人都不信任。有些人即使事业成功、生活富足，也不会与人相处，更是郁郁寡欢。

现实生活中有一部分孩子，由于父母离异或其他原因缺少父爱或母爱，父母中的一方会拼命弥补，将孩子照顾得更加周到，对孩子物质要求不管是否合理全部满足，对孩子娇惯溺爱。这样的孩子会更加自私、心中只有自己，一方面他们比较偏激，不会照顾他人的感受，认为别人为他们做什么都是应该的；另一方面，他们听不得一点儿不同的意见，面对挫折更加脆弱，不堪一击。

所以，一旦成为父母，就没有任何理由逃避做父母的责任，既不能以"妈妈没有带好孩子"，又不能以"爸爸不会教育孩子"为借口相互推脱。教育孩子是父母双方共同的责任，双方无法互相替代。如果孩子同时缺失父爱和母爱，他们在小时候会焦虑、抑郁、不安，当孩子的心理逐渐成熟，会意识到父母对自己的不管不顾，甚至有被抛弃的感觉，此时往往会有仇恨心理，将仇恨显性或隐性地投射到其他人身上。

第二类，是指孩子在成长过程中缺乏安全感。

孩子是否有安全感是由家庭内的关系决定的，让孩子没有安全感的关系主要是以下两种。

一是夫妻关系不和谐，经常争吵。夫妻双方或一方焦虑烦躁，或一方表现出恐惧等负面情绪，会直接影响到孩子，让孩子体验到不安全感、恐惧、无助。如果双方争吵是常态，孩子的不安就会成为持续的心理状态，孩子长大后就会胆小怕事、逃避不安。夫妻不能在孩子面前吵架的原因就在于此。多数孩子在面对家庭内父母的不良情绪或矛盾冲突时，都会感觉到恐惧和无助，时间久了，孩子的不安全感会体现在生活中的各个方面。

二是亲子关系恶劣。有的家长坚持"孩子不打不成器"的观点，所以在教育孩子的过程中采用高压管理法，从来不听孩子的理由，更不会给孩子解释的机会。孩子在成长过程中接受的主要教育方式是打骂，有些孩子甚至到了高中还会被打骂。这样的亲子关系也会使孩子产生强烈的不安全感。高压状态下的孩子如果没有发泄情绪的渠道，没有沟通的对象，非常容易出现抑郁、敌对等心理问题。

当然，还有一些方面。如果夫妻双方中有一人情绪不稳定，也会导致孩子出现心理问题。情绪稳定的家长才会给孩子带来内心的安宁与平静。还有一些家长经常在孩子面前讲述家里经济不佳的状况以及危机与难处，甚至有点夸大的成分。家长这样做的用意是让孩子发奋学习，给孩子一些压力。孩子感受到了，确实会比别人家的孩子更懂事，但是他们在成长中的心理不安全感也会比别人家的孩子高几倍。他们内心缺乏自信，甚至会影响一生。

在孩子成长的过程中，父母本身就是孩子成长的环境因素之一。每个孩子都需要爱，需要父母双方的爱，在爱的沐浴下，孩子才能健康成长。这里探讨的仅仅是家庭环境对孩子心理健康的影响，学校环境与社会环境也会影响到孩子的心理健康，只是家庭环境是最重要的。希望全社会都有这种意识，为孩子创造最佳的成长环境！

08 | 四步突破原生家庭的影响

　　一位家长给我留言说，她的孩子经常一边学习一边听音乐，她认为这会影响到孩子的做题速度，孩子则认为听音乐可以防止自己晚上学习时犯困。我告诉她，音乐并不是对所有孩子都不利，要因人而异。这件事情暂时平息了几天。几天后，这位家长告诉我，孩子的成绩一直在下滑，尽管她已经给孩子安排了很多一对一的补课，但是效果并不好，孩子依然磨蹭，成绩依然在下降，家长很崩溃……

　　从简短的留言中，我无法做到完全客观地分析这位家长遇到的情况，因此不能就此事发表观点。但是，现实中有很多家长确实是"道理都懂，但一面对孩子，所有的理智又消失殆尽了"。为什么？

　　这是因为，人改变自己真的很难。每个人的思维方式、处事原则、行动模式都与自己成长的原生家庭密切相关，原生家庭对每一个人的影响都是巨大的。也就是说，家长受自己原生家庭的影响而形成的思维模式，在不知不觉中引导他采用某种固有的思维方式去教育孩子。

家庭教育会影响到孩子的性格特点、思维方式、处事原则、婚姻态度等，甚至有些人的婚姻重复着父母的模式，有些人对孩子的教育观念与方式更是与父母如出一辙，哪怕自己对父母的婚姻模式与教育子女的方式并不认同，但是潜移默化中还是活成了"自己最讨厌的样子"。这些都是原生家庭的影响，有些人永远没有意识到，有些人意识到了却无力摆脱……

如果有些家长认为"只有孩子不听话、孩子成绩不如意时才需要家庭教育的指导"，那就大错特错了。**家庭教育对人的影响是终身的，是全方位的。**

我认为教育的本质是父母的修为。有些家长在孩子的成长过程中立足于自己的角度评价孩子的对与错，认为自己命不好，孩子不听话、不省心，这种想法充分暴露出家长过于自我的特点。站在客观的角度，孩子的每个行为、每个想法背后都有家庭教育的影子。与其说孩子不让家长省心，不如说家长在孩子的成长过程中履行责任不力。家庭教育应该是理性的、客观的，而非情绪化的、自我的。要想让家庭教育走向科学，突破原生家庭的影响是最重要的。

我们无法选择父母，无法选择以什么样的形式度过童年，更无法避免原生家庭对我们的影响甚至伤害。但是我们在成年后，可以通过理性认知努力调整，摆脱童年对我们的影响或伤害，走出内心的阴影，成就全新的自我。最重要的是，这样一个全新的自我可以让我们心平气和地教育孩子，让孩子在他们的原生家庭中少受伤害，这就是作为父母的责任，更是一种修为。

突破原生家庭的影响可以从以下四个步骤做起。

第一步，知原因。

明明自己的工作已经无力承受，却无法拒绝别人的请求，让自己身心俱疲；明知道对方提出的是无理的要求，拒绝时自己却还是感到尴尬与不好意思；虽然自己做得很好，已经得到许多人的肯定，但是依然怀疑自己的能力；陌生人不经意间的一句话，自己会敏感地认为对方不怀好意；和另一半生活在一起，内心总有不踏实感，总认为对方会离开自己；在工作中，自己的能力已经得到别人的认可，却依然怯懦、自卑，不敢为自己去争取更大的平台或更好的待遇……

以上这些，是很多成年人的困惑。从心理学上来讲，这些明明知道却无力反抗的多个情境都与我们的原生家庭密切相关。如果想改变，必须先知原因，知道自己为什么成为"今天的自己"。

第二步，知道即疗愈。

这里的"知道"有两层意思，一是知道原因，二是知道最佳的自我是什么样子。这一步的操作依据是心理学中的认知疗法，认知疗法的主要代表人物贝克曾说："适应不良的行为与情绪，都源于适应不良的认知。"例如，一个人在原生家庭的成长中，父母从不表扬他、肯定他，他接收不到父母的爱意，会认为自己一无是处，否则父母怎么会不喜欢他？进入社会之后，他做什么事情都没有信心，很自卑，心情也很不好。认知疗法认为，这是他

"认为自己是不好的"这种想法导致的。因此，认知疗法的操作就是帮助一个人重新评价自己，重建对自己的信心，更改他原有的观点——认为自己是不好的。

如果一个人知道自己的行为受到原生家庭的影响，还固执地坚持，他就永远无法突破原生家庭的影响，永远生活在阴影中。进行自我分析、知道自己行为产生的原因，这一点很重要。站在一个旁观者的角度客观地评价自己，知道最佳的自己是什么样子更重要。每个人都有优点，那些在原生家庭中不被重视的人，经历过父母争吵甚至是遭受过暴力的人，他们大多非常懂事，更能委屈自己、实干、不计回报。所以，只要你能把自己最优秀的一面展示出来，就是突破原生家庭影响最重要的一步。因为你的付出、你的勤奋、你的踏实，甚至你的不计回报，社会会给予你回馈。

第三步，和自己的原生家庭和解。

这一步是希望原生家庭对孩子的影响能画上一个句号。假设不和解，依然耿耿于怀、不能释怀，这种心态怎能不影响到你自己的孩子，原生家庭一代一代的影响何时才是尽头？

接纳父母的不完美，因为父母对孩子的伤害并不是他们的本意，而更可能是他们的不自知。他们很想教育好自己的子女，只是他们的方式方法不对而已。知道了这一点，每个人都会释怀了。

当然原生家庭组成中也包括自己，所以除了与父母和解，还要与自己和解。除了承认与接纳父母的不完美，还要接纳那个不完美的自己，直面那个不完美的自己以及自己的过去。自卑与胆小的人，学会主动与人打招呼或微笑着对待别人；怀疑伴侣的人学会信任他；对自己不自信的人，在工作中可否破釜沉舟一次，给自己一次机会……

第四步，做好心理上的剥离。

这是最重要的一步，要学会"远离"原生家庭。这个远离是指心理上的远离，而不是与父母断绝关系，不再来往。

心理上的剥离是指远离父母的干涉，按照自己的客观分析去做事，以独立的人格去工作、生活、交友或经营婚姻。因此，一个人即使早年受原生家庭的影响很大，如果考上大学后离家很远，在对自己行为"知原因"的基础上，也很容易脱离父母的干涉与影响。

我们不是要去埋怨原生家庭，而是要在与原生家庭和解的基础上，有意识地在心理上与原生家庭剥离。所以，我们要敢于肯定自己的观点，敢于支持自己去尝试，这样才能看到一个更好的自己。我个人认为，独立是突破原生家庭影响的最好方法。

在现实生活中，我发现很多人意识到了原生家庭的影响，但是无法突破它，因为父母用了一辈子的招数在他们这里还是有效的，所以这些人就是一个个矛盾的个体。有些父母不理解，为什么自己的孩子不想结婚。因为你的孩子已经完成了突破原生家庭影响的前三步，但是无法在心理上完全独立，又不肯继续受到原生家庭的影响，内心还有抵抗，不想走父母的老路。于是在矛盾中的反抗就变成了自我伤害的另一种形式——实施一种无声的消极抵抗。这种抵抗行为的作用小于自伤的作用。

很多人都会受到原生家庭的影响，希望通过本书让更多的人能够知原因、和原生家庭和解，最终实现自我突破。这种突破很难，但是一旦成功，就会让原生家庭对自己的影响成为过去，不再传递给你的孩子和你孩子的孩子……

Chapter 5 | 善学篇 |

让孩子
自主、自律、自信

自主，代表着明确的目标与追求、主动的思维与行动方式；自律，意味着自我约束和管理、更好的情绪与行为控制；自信，则是自主自律的必然结果。当孩子拥有目标且懂得节制时，就有更多的自我学习与积极探索的能力与品质。孩子只有自主、自律、自信才能充分发挥自己的优势、挖掘自己的潜能，在学习生活中无所不利、无坚不摧，积极追寻他们的人生价值。

01 | 关注积极心理品质的培养

"老师，我有目标，也制订计划了，但总是半途而废……"

"老师，我非常容易松懈，下定决心制定目标，但是过一段时间就忘记了，没有毅力怎么办？"

"为什么我做事总是不能坚持到底，只要想到要做练习试卷我就闹心……"

孩子提出的这些疑问，每个老师都听到过。在现实生活中，很多孩子都不缺少目标，缺少的是为实现目标而进行的踏实有效的行动。如何保证学习行动是高质量的呢？我认为，孩子所具有的积极心理品质会起到决定性作用。

什么是积极心理品质？

积极心理品质是积极心理学这个流派所倡导的。积极心理学代表人物之一、美国心理学家塞里格曼教授认为，美德和力量是积极心理品质的核心，具有缓冲器的作用，无论对人的行动质量，还是对战胜心理疾病都具有重要的意义。

根据积极心理学观点，并结合我国文化背景，积极心理品质包括 24 项具体内容，分别为：创造力、热爱学习、好奇心、开放思维、洞察力、真诚、勇敢、坚持、热情、爱、善良、社交智力、领导能力、团队精神、公平、宽容、谦虚、审慎、自制、感恩、审美、幽默、精神信念、希望。

这些内容对孩子的成长来讲都很重要，但显然无法面面俱到。下面我们就盘点一下，哪些积极心理品质是必需的。我认为，**可以重点培养以下四种心理品质。**

首先要培养热爱学习的积极心理品质。

这是指培养孩子学习的自主性。培养自主性有两个操作要点。

一是家长要学会适度放手。相信孩子，让孩子的自主性有一个渐进的发展过程。包办代替的家长永远培养不出具有独立自主能力的孩子，在家长控制下学习，会让孩子不由自主地心生反感。孩子自主性的发展要有一个过程，家长要学会逐渐放手、耐心等待与适度指导。

二是孩子要有主动发展的意识。孩子不要过于功利，急于求成，要学会从一点一滴做起，用过程积累铸就成功之路。

很多孩子不喜欢学习，甚至厌学。究其原因，家长与孩子的因素都有。家长过度干涉，过于功利地引导孩子；孩子不注重积累，过分强求眼前的成绩等。

其次要培养坚持的积极心理品质。

坚持的心理学语言是意志力，是指一个人自觉地确定目的，并根据目的来支配、调节自己的行动，克服各种困难，从而实现目的。这一品质对人的一生起到关键性的作用。

"坚持"没有秘诀，是意识与行动的有机结合。现在很多家长和孩子都是"理性经济人"，总是幻想在短时间内获得最大利益，取得最好成绩。在这种思想的指导下，这部分家长与孩子急功近利，做事难免会浮于表面、蜻蜓点水。他们付出一点点时间和精力就要看到回报，没有回报时，家长坐不住了，孩子慌了，甚至双方互相埋怨和指责。

心理学中有"一万小时定律"，意思是只要积累到一定程度，每个人都可以在自己所期待的领域找到自己的价值。这个定律告诉各位家长什么是真正的理性和智慧。

经济学中有一个"荷塘效应"原理，假设荷叶每天以加倍的速度进行生长，一个月可以长满池塘的话，第 28 天池塘里的荷叶仅占池塘面积的 1/4，第 29 天也仅是 1/2。如果太过功利，让"小利"和"算计"蒙住双眼，有些人就会产生强烈的挫败感，有些人可能在胜利前夕选择了放弃。

再次要培养自制的积极心理品质。

关于自制力，可参见"延迟满足与孩子的自制力培养"一节。孩子有自制力也不能保证成功，但是没有自制力一定会失败。

对于年龄小的孩子自制力的培养，家长的承诺起着重要的作用。如果家长能够言行一致，给孩子的承诺全部兑现的话，孩子也会在无意识中学习家长，变得自律、自制。有些家长没有科学的家庭教育意识，在孩子小的时候过分重视知识学习，忽略品质培养，当孩子出现问题时才开始想办法解决，那个时候需要做的不仅仅是培养心理品质，还要纠正不良习惯，孩子与家长都会非常痛苦。因此，如果孩子还小，从现在开始培养其积极心理品质，对孩子的未来大有益处。

对于初高中的孩子，从现在就要有所行动。我们知道，自制力是孩子成功的关键，自制是学会放弃短期的小利益，追逐长远的大利益。但是，一旦那个远大目标过于遥远，需要忍受的痛苦太多，孩子就很容易中途放弃。没有任何成就感支持的自制是很难做到的，所以家长与孩子要在自制品质培养的过程中，设计小台阶、小目标，让孩子付出一些努力就可以看到阶段性成果，可以有心理上的小满足感，给孩子提供持续的发展动力。

当然，培养孩子的自制力还需要给孩子自主规划、自主安排、自主做事的机会。尤其是高中学生的家长，如果还对孩子采用初中的管理方式，越俎代庖、包办代替、事无巨细全都想替孩子做主，孩子的自制的品质就永远没有办法形成。

关于与自制力密切相关的玩手机问题，"两步解决孩子玩手机问题"一节将做专门的介绍。

最后要培养的积极心理品质是精神信念与希望。

这种品质反映到孩子身上，主要是指自信的心理品质。人如果有自信，他的眼睛里就会有光；人如果有自信，他就敢于迎接各种挑战。

孩子出现厌学、焦虑、抑郁等问题，其实本质上就是孩子的自信心没有了。

如何让孩子建立自信，"让孩子自信的八个建议"一节将给出具体的指导。很多家长在实际操作的过程中，经常被自己固有的思维方式左右，习惯性地埋怨、指责孩子，无法接受孩子在学习与考试过程中的正常成绩波动。家长不满意，孩子才怀疑自己；

家长焦虑，孩子才会急躁难安；家长鼓励孩子，与孩子共同想办法，高质量地陪伴孩子，孩子才会自信，才会有坚定的精神信念与希望。所以高质量陪伴的最高境界是高质量的心理陪伴。

积极心理品质涉及的范围很广，早期培养是关键，不仅省时省力，亲子之间也会其乐融融。

孩子的人生之路很长，积极心理品质会为他们的一生助力！

02 | 让孩子自信的八个建议

Case

唯唯诺诺、畏首畏尾、不愿意和别人交流；即使是他擅长的事情在学校也不敢为自己争取机会；在内心中总喜欢和别人比较，对自己评价不高，甚至经常表现出对自己很失望；高中的孩子，在大型考试前焦虑不安，还没考试就认为自己考不好，内心敏感丰富……这样的孩子你们见过吗？

这是孩子缺乏自信的表现，如果遇到这样的孩子，我们不要指责他们，要去关爱他们。

自信是支撑一个人做事的重要驱动力，有自信，才能减少焦虑、不抑郁；有自信，才会阳光、乐观。但是我们一定要明确，自信不是天生的，不是遗传的。孩子的自信源自哪里？父母对孩子的自信培养起着极为重要的作用，尤其是母亲的言行更为关键。那么，家长如何培养孩子的自信呢？根据心理学对自信成因的研究及我多年的实践，我总结出以下一些方法，供各位家长参考。

第一，在孩子成长的过程中，无论家长多忙，都要停下来，耐心地听孩子说话。

家长是孩子的第一任老师，是他生命中的第一个权威，家长的语言与行动对于年幼的孩子来讲非常重要。耐心倾听孩子的话，表示他的话非常有意义，这是让孩子建立自信的非常重要的一个方面。如果家长总是不耐烦地打断孩子，隐含的意思就是"你的话无用"，于是孩子内心会认为自己也是无用的。不要经常用教训的口吻和孩子交流，正确的做法是，无论孩子多大，都要与他们平等交流，这样的孩子才有信心面对自我。

第二，孩子小的时候，偶尔让孩子为自己的事情做主，建议让进入中学阶段的孩子经常自己当家做主。

在人的发展中，自主性是非常重要的一件事，孩子愿意做的事情他更愿意坚持。让孩子自己做决定，会增强他对生活的信心、对事件的掌控能力，以及让他对自己的判断更坚定。例如周末带孩子出去玩的时候，家长可以征求孩子的意见，不要说"今天我们去虎园"，可以问"今天你想去净月潭、虎园还是博物馆"。多给孩子做选择的机会，自主选择会使他增添信心。家长的包办代替决定，表面上节约了时间，提高了效率，但从孩子人生的发展来讲，会让孩子错过培养自信的大好时机。给孩子选择的机会，让孩子为自己做主，才能激发他对学习与生活的兴趣。有些家长为孩子报了很多课外班，家长本是出于美好心愿，但孩子并不愿意，这也成了他们厌学的起因之一，孩子会有"人在课堂，心在迷茫"的感觉。

在孩子成长的过程中，不要怕孩子选择错误，经历错误才会成功，在追求成功的过程中他会逐渐形成自信。

第三，不要经常拿孩子的缺点与其他孩子相比。

有一个网络流行语叫"别人家的孩子"。这个"别人家的孩子"打击了无数孩子的自信心，因为他们的家长经常拿他们的缺点与"别人家的孩子"相比。一方面，这种比较方法有失公允；另一方面，即使自己的孩子真的不如他人，家长也不能总是拿自己的孩子和"别人家的孩子"比较，长期比较之下，孩子就会进行自我评价，认为自己真的很"差劲"。

作为父母，你可以告诉孩子，每个人都是独一无二的，都有自己的优点，也会有自己缺点，要对自己有信心。

第四，不要以任何形式嘲笑孩子。

孩子小的时候可能说话发音不准，可能做错了一些事情，或表现得极其滑稽。有些家长会善意地嘲笑孩子，这会让孩子失去再做这件事情的勇气和信心；对于稍大一些的孩子，当他们做事做得不好时，有些家长会用语言表达嘲笑的态度："这件小事都做不好，你还能做什么？"孩子往往会失去做这件事的动力，有的孩子甚至会产生恐惧的心理。孩子到了高中阶段，家长再用嘲笑的语气和孩子说话时，孩子不仅没有信心，而且会彻底将你关在心门之外。

第五，要学会理性地表扬，即对孩子有进步的具体事件进行表扬。

细致的表扬代表了家长了解孩子走的每一步路，理解孩子心中的目标与想法，代表了家长表扬时真诚的态度。在每个孩子成长的过程中，家长如果用赞许的话语鼓励他，孩子就会提高做事的兴趣、主动参与的热情。但切忌空洞地表扬孩子。例如，对小学生，可以说"你已经把两位数加减法做得非常熟练了，有进步"，而不要说"你真棒！爸爸妈妈都爱你"。对于中学生也是如此，诚恳地对孩子进步的点滴进行鼓励，具体的表扬会让孩子知道自己哪里做得好，会更有自信。如果只用空洞的表扬，时间久了，孩子就会变得自大。对于高中阶段的孩子，空洞的表扬只会让孩子感觉不真实、虚伪，这种鼓励也不会成为孩子发展的动力，不会让他建立起自信。

第六，给孩子做事的平台和机会。

自信的形成从来不是说说就行的，需要有培养自信的行动，因此，在孩子成长的过程中需要给孩子提供做事的平台和机会。例如，我的孩子小学时，我每天给他 10 元零花钱，他可以自己支配和使用。他会自己规划设计，既可以满足自己对美食的需要，又可以节约出资金买他最喜欢的玩具，甚至还会在外出参加数学比赛时为我买礼物；再例如，对于孩子选择什么样的兴趣班，可以让他试听，最终由他自己决定是否参加。这是一个人产生自信的最重要的基础。当孩子比较大时，小伙伴到家里做客，可以在一定规则下由他设计招待，甚至让他亲自动手做一些菜品。孩子成长的过程中需要有"领地"，有可以自主决定的事情、可以做主完成的工作，这样的孩子才会更有自信。

第七，给孩子自主处理人际关系的机会。

很多家长为了让孩子安心学习，让孩子"从小不输在起跑线上"，把孩子生活中的大小事情基本包办代替了。最要命的事情就是，孩子的人际交往也被父母包办了，孩子想向同学问作业家长帮着问了；孩子之间出现矛盾，家长第一时间出面解决，生怕自己的孩子吃亏。这样确实既省时又省力，成年人处理孩子的事情当然轻松，但是孩子没有了与伙伴相处的机会，人际交往的智慧何来，自信何来？

除了让孩子与伙伴相处，家长还可以定期陪孩子参加一些环保、敬老等志愿服务活动，引导孩子在帮助别人的过程中交到朋友，提升自信。

第八，让孩子做力所能及的事情。

家长对孩子的高期望是可以理解的，但是忽略孩子的实际能力，总是安排孩子做他力所不能及的事情，孩子的自信会在一次又一次的挫败中逐渐消失。很多家长对孩子的期望值与孩子的实际能力不符，是孩子痛苦与焦虑的根源，也是孩子没有自信的原因之一。正确的做法是让孩子做他经过努力可以做到的事情，鼓励孩子做自己感兴趣的事情，发展他的特长。

在孩子成长的过程中，家长的思维与做法决定了孩子的一生，家长要给孩子足够大的舞台、充足的陪伴，增长孩子的见识，发现孩子的优点，鼓励他专注于自己擅长的方面。所有把事情做好的过程，就是孩子变得自信的过程。

03 | 延迟满足与孩子的
自制力培养

> "老师，我的孩子不是没有目标，不是没有计划，可就是说到做不到，所有的计划都会夭折。明明说好周六晚上之前完成数学作业，但是他看一会儿手机，聊一会儿天，一直说'来得及，来得及'，到了晚上 11 点还没做完计划的一半。这种情况如何帮助孩子改善？"

这种情况是孩子缺乏自制力的表现。自制力是一个不需要解读的概念，我们都非常清楚地知道，有自制力更容易成功。当然，有了自制力不能保证一定成功，但是没有自制力，毫无疑问会失败。

我们每个人一生都在和自制力做斗争，经常会立誓改变自己，但在行动的过程中很快选择放弃，还会给自己一个自圆其说的解释，然后从头再来一次尝试。

成年人已经如此，孩子的自制力培养一定会让家长更加头疼。

尤其是新媒体时代，手机、网络、游戏等诱惑太多了，使孩子的自制力培养变得更加困难。

那么自制力的形成与什么因素有关呢？下面我从心理学中著名的棉花糖实验说起，和各位家长共同分析一下。

1968 年，心理学家沃尔特·米歇尔进行了著名的"棉花糖实验"。他在一所幼儿园选择了 32 个孩子进行实验研究，其中最小的 3 岁 6 个月，最大的 5 岁 8 个月。实验开始时，每个孩子面前都摆着一块棉花糖，实验者明确地告诉孩子们规则：他们可以马上吃掉这块棉花糖，但是假如能等待 15 分钟再吃，那么就能再得到一块棉花糖作为奖励。

结果发现，有些孩子马上把糖吃掉了，有些坚持了一会儿也吃掉了，有些孩子坚持等待了要求的 15 分钟，得到了第二块棉花糖。之后，实验者又对 600 多名孩子进行了重复实验。

这个实验的独特之处在于，他们进行了长期的跟踪研究。18 年后，实验人员发现：当年能够等待更长时间的孩子，也就是当年"延迟满足"能力强的孩子，在青春期的表现更出色。1990 年第二次跟踪的结果提供了更客观的依据：延迟满足能力强的孩子，SAT（美国高考）的成绩更优秀。2011 年，这些孩子已经步入中年，其中延迟满足能力强的人自制力更强。

从这个实验可以分析出**自制力与以下几个因素密切相关**。

第一，延迟满足的能力。

延迟满足是什么？通俗地讲，就是指一个人为了追求更大的目标，获得更大的享受，可以抵制住眼前的诱惑，延迟满足自己的欲望，从而保证更大目标实现的一种综合能力。

与延迟满足相对应的是即时满足，就是立刻满足、一分钟不耽误。孩子即时满足的能力在小的时候是通过习惯形成的，如果家长为了让孩子开心，孩子有要求时，总是立刻满足孩子的要求，孩子就会形成追求即时满足的习惯。

我个人比较认同在孩子的成长过程中尽量让孩子学会延迟满足。这里有一个关键点，就是一定让孩子主动延迟满足。例如孩子想吃比萨，家长最好不要立刻就带孩子去，要引导孩子"我们把今天的作业做完再去"。孩子想去打篮球，家长也可以引导孩子"我们把语文课文背诵好了再去"。这是延迟满足能力的训练方法，对孩子的成长具有一定的好处。

第二，家长是否信守承诺，也就是能否让孩子心里有安全感。

关于棉花糖实验有很多种声音，例如有人认为重复实验未必得到同样的结果等。我在网上查找了资料发现，孩子是否有自制力不仅与延迟满足能力有关，还与家长在教育过程中能否信守承诺有关。在棉花糖实验中，如果孩子不信任实验者，没有安全感，那么孩子不会等待第二块糖的奖励。回到家庭教育中，如果家长在教育孩子时比较随性、主观，"双标"非常明显，使孩子感觉家长是一个说话不算数的人，那么家长就不要希望孩子有自制力了，因为当家长许诺带孩子吃比萨时，孩子心里想的是："家长说话不算数，他现在答应让我吃比萨了，就得立刻去吃，否则他一会儿变卦了怎么办？"这时，让孩子学会延迟满足可能就是天方夜谭了。

家长在孩子的成长过程中遵守规则、信守承诺是孩子能够在内心有安全感的重要决定因素。这种安全感决定孩子是否愿意训练自己的延迟满足能力、培养自制力。如果家长给孩子的感觉是"不靠谱"的话，孩子就会产生比别的孩子更多的对世界和世界中人的不信任感和焦虑感，就是通常所说的"谁知道明天和意外哪个先来"。此时，孩子认为，家长不讲规则，不一定信守承诺；自己抵制欲望、追求长期目标很可能是竹篮打水一场空，所以感觉即刻满足、及时行乐更务实。很多家长在抱怨孩子不自制的同时，可以反思一下自己是否给了孩子太多的不稳定感，让孩子经常害怕自己拥有的东西可能会被家长剥夺。

第三，成就感带来的动力。

成就感是一个人做事的动力，永远体验不到成就感的孩子内心所承受的伤害无法用语言描述。

从心理学上分析，大家所说的学霸大多并不一定是天生爱学习的，他们对学习的热爱源于他们在学习过程中所获得的成就感的回馈。每当他们攻克一道难题时，他们获得的成就感会让他们忽略掉付出的辛苦，他们每次考试所获得的心理满足感是对他们的努力与付出最好的奖励，这才是他们爱学习的真正原因。他们之所以可以坚持，是因为他们经常会获得成就感作为动力。

所以，培养孩子自制力的过程中必须有适度的成就感加持。有些家长让自己的孩子和最优秀的群体一起学习，孩子在这样的环境中怎么努力都难以获得成就感，让他如何培养自律？有些家长的内心是追求完美的，所以给孩子制定的目标非常高远，孩子根本无力完成，或在完成的过程中挫败感十足，没有动力支持的自制力培养坚持不了多久。

自律的关键，是学会放弃短期的小利益，追逐长远的大利益，也就是有长远的目标规划。但是，一旦那个远大的目标过于遥远，需要忍受的痛苦太多、时间太长，中间没有任何成就感的支撑，孩子就很难坚持。这样一来，家长就可以理解为什么自己给孩子讲了那么多道理，孩子却不能自律，因为自律的过程需要动力系统。

家长陪伴孩子延迟满足、追求长远目标的同时，必须设计出获取成就感的中间环节，即将大目标分解成若干个渐进性小目标，让孩子在前进的过程中一直有成就感伴随，这才是培养孩子自制力的关键。

第四，孩子具有独立自主的机会。

自制力的主体是自我控制的能力，这是一个主动的过程。因此，如果孩子的自律一直是被动的、不是自主的，即使他表现出很强的自制力，也可能是虚假的、表面的或暂时的。如果一个孩子总被别人要求"控制欲望"，有一天外力控制不住时，结果可能适得其反，他会怎么自由怎么来，成了真正的"放飞自我"，家长鞭长莫及。

所以，培养孩子的自制力，一定要给孩子选择的机会，家长不能越俎代庖、包办代替；一定让孩子自己权衡利弊，是选择当下的小利益，还是选择长远的大利益，孩子学会自主才会真正自律、自制。

弄清了自制力的相关因素，培养方法也已随之产生，各位家长可以一试！

04 | 两步解决孩子玩手机问题

我曾看到一位校长转发的视频，一个男孩子沉迷于手机游戏，完全入戏，输了之后自扇耳光，处于疯狂状态。

我带过一个中学生，他玩手机游戏是因为父母常年在外工作，他是由奶奶抚养长大的。隔辈人的关怀是足够了，但是没有什么共同的语言。他通过打游戏交了几个好朋友，因此当家长禁止他使用手机时，他的反应非常激烈。

随着社会的进步，科技的发展，手机成为人们生活中不可缺少的一部分。对于成年人来说，没有手机在身边总是感觉缺点儿什么，似乎都没有安全感了。对于孩子来讲，尽管教育部明确规定，学生原则上不能将手机带入校园，但是手机的影响依然很大。

很多孩子回到家的第一件事就是玩手机。有些孩子用手机看小说、玩游戏、与其他同学聊天。有的孩子在家里，其他事情都可以商量，唯独涉及手机问题，冲突一触即发：家长只要提玩手机问题，孩子就会非常反感，与家长发生冲突。还有的孩子已经沉迷于手机游戏无法自拔，成绩下滑，不接触朋友，家长提醒与管理没有任何作用，严重的情况下孩子不能正常学习。总之，玩手机问题已经严重影响到亲子关系，影响到孩子的学习成绩，影响到孩子与同龄朋友的交往，甚至影响到孩子的身心成长。

如何解决孩子玩手机的问题成了一个社会难题。我们知道，玩手机问题的背后有社会发展因素，当然更重要的还是孩子的自律问题。孩子的自律与什么相关，可以参见"延迟满足与孩子的自制力培养"一节。

从家庭教育的角度分析，我认为，玩手机问题最核心的原因是家长在孩子成长中没有让孩子形成规则意识，没有规则就不能让孩子做出自我约束的行动，没有行动就没有好的自律习惯。具体来讲，就是家长面对孩子的要求无原则、无底线，导致孩子无约束、不自律，这是现在很多家长无法解决孩子玩手机问题的主要原因。

在多年的实践中，我发现很多家长在孩子提出各种无理要求时，应对的方式基本就是三步：情绪化反应、无原则行动、无底线退让。例如，孩子要玩手机，很多家长第一步就是发泄情绪：对孩子一顿训斥，或者情绪化地冷嘲热讽。

"天天只记得手机，怎么不记得别的事情呢？"

"如果你学习有玩手机一半用心，也不至于是现在这样的成绩。"

当孩子不高兴，或者根本不听家长的唠叨，坚决要玩手机时，家长就会进入第二步：为了不激化矛盾而妥协，"今天就让你玩半小时，半小时之后，手机必须上交！如果不上交，以后别想再玩手机了"。家长的语气是严厉的，态度也是坚决的，但是行动是无原则的，因为这样的狠话已经说了无数次，孩子们内心早已经选择忽略不计。

当半小时结束，孩子各种不高兴与耍赖，根本不想上交手机时，家长无计可施，就会进入第三步：无底线退让，"今天就给你破个例，再玩半小时，以后这种情况不可能再发生"。有的家长可能会将手机从孩子手中抢走，但是第二天，看到孩子怏怏不快、各种摆脸色，家长的心又软下来，再次无底线退让。

从环节上来讲，教育环节、阻止环节、提醒环节、强制环节都有了，但是效果却没有。这是因为家长只发泄情绪，并没有对孩子使用手机问题商定原则，也没有过程监督与结果反馈，并且为了维持表面上和谐的亲子关系进行了无底线退让。因此在出现玩手机问题的家庭中，家长大多是在日常生活中被自己的孩子"看透了""吃准了""拿捏得死死的"。

从心理学的角度，解决孩子玩手机问题的有效方法就是采取理性且有原则的行动。这里只需要做好两个步骤。

第一个步骤，理性地表明态度与原则，不能情绪化，更不能发火。 这里家长必须接纳孩子想玩手机的心理感受，因为从现在社会发展来看，完全禁止孩子玩手机是不可能的。家长可以温柔地与孩子进行正式协商，如何使用手机更合理，在双方同意的基础上形成契约，契约中要有监督机制和奖惩机制。谁来监督、做到了如何奖励、做不到如何惩罚，这些都要在契约上说明。我建议家长与孩子签订手机使用契约时要考虑三个方面：第一个方面是总量控制，即将孩子每周玩手机的时间量固定，而不要天天干涉玩多长时间。让孩子自己决定与自我约束，这样才能让孩子自制。第二个方面是底线固定，协商好的时间、监督与奖惩机制都不能破坏。第三个方面是形式灵活，即孩子在时间总量不变的前提下，何时玩、每次玩多长时间让他自己选择，家长负责监督。

第二个步骤，坚决彻底地执行，不能走样。根据心理学的研究，一个习惯的养成至少需要坚持 21 天。也就是说，不能因为孩子不高兴了，家长就退让；也不能因为家长高兴了，就放宽要求。有的家长看到孩子阶段验收考试成绩不错，马上就对孩子玩手机没有要求了。

这里有三个技术要点：一是态度温柔，二是原则清晰，三是执行坚定。态度温柔是先决条件，家长不能用情绪化的方式进行管理，生气、吼叫都不能解决问题，反倒会让亲子矛盾激化。温柔的态度隐含的意思是：家长所做的决定是理性的，管理行为也是深思熟虑的。

很多家庭中孩子不自律，是因为家长在约束孩子的过程中过于情绪化，有些家长甚至没有任何监督，对孩子玩手机问题的管理只是一时心血来潮，如此反复不定的管理方式自然无法让孩子形成自律。

执行原则时，孩子不配合怎么办？当孩子非常烦躁地表示必须玩手机时，家长一方面要关注孩子的心理感受，另一方面要坚持原则。家长可以说："宝贝儿，我理解你的心情，知道你不玩手机时很不开心，但是我们已经约定好了，就必须按约定来做，所以现在你必须把手机放下了。"无论孩子使用什么招数，家长都不能生气，不能失去原则，可以说："妈妈（爸爸）非常爱你，由于爱你，就更要坚持我们的约定，所以宝贝儿，你现在必须把手机放下。"无论孩子如何，家长的底线不能被突破，当这种坚决执行成为习惯时，孩子就不会再尝试突破家长的底线，他的行为才能走向自律。

家长切记一点，不要情绪化处事，做到温柔而有原则。家长大喊大叫、失控的那一刻，就是在为孩子情绪失控及不遵守规则做"榜样"、做"铺垫"。

温柔代表爱，理性代表深思熟虑，有原则是孩子形成习惯的基础，坚定地执行是习惯保持下来的关键。手机游戏研发者考虑的就是"如何让游戏吸引人"，如果家长不采用智慧的方法、理智的方式，只想简单粗暴地制止孩子玩手机游戏，是解决不了问题的。当然，最重要的环节，就是家长必须找到与孩子心平气和地交流的方法，分析孩子沉迷于手机游戏的原因，在此基础上达成手机使用的约定。

05 | 学会"三个一"，
孩子马上行动起来

"孩子这几年与我们的沟通越来越少，回到家里关上门，我们也不知道他在房间里做什么。我们无论批评、生气还是温和地给他建议，他都不接受，更不会和我们说心里话。与孩子沟通为什么这么难？"

在孩子进入初中后，这种现象发生在很多家庭中，家长与孩子的心理距离越来越远。"两步解决孩子玩手机问题"一节中谈到，家长要实施理性且有原则的行动，当然行动的前提是家长与孩子之间可以沟通，能够心平气和地谈玩手机这个问题，孩子可以配合家长行动起来。下面就探讨一下如何最快地缩短家长与孩子之间的心理距离，让孩子接受家长的建议并马上行动起来。

无论什么年龄段，亲子交往都是回避不了的话题。随着年龄的增长，孩子越来越不愿意和家长说心里话，不愿意与家长进行和谐沟通。很多家长对这个问题非常头疼，似乎怎么做效果都不理想，家长与孩子之间的心理距离越来越远，因此家长的教育行为遇到阻力。

缩短家长与孩子的心理距离，让家长与孩子能够坐下来心平气和地交流很重要。我一直以家长与心理老师的双重身份在思考解决的方法，**"一个原则、一个技术、一个行动"是我总结出来的缩短亲子心理距离的有效方法，简称"三个一"家庭工程。**一个原则就是黄金法则与白金法则相结合，以白金法则为主体；一个技术就是共情技术；一个行动就是先关心人再关心事。正确操作"三个一"家庭工程，可以在孩子成长中立竿见影。

首先，坚持"以白金法则为主体"的原则。

如果家长希望与自我意识逐渐成熟的孩子进行有效沟通，就必须立足于孩子的视角开启话题或提出建议，时刻牢记白金法则的立场与方式。

心理学中人际交往有两个法则，一个是黄金法则，另一个是白金法则。黄金法则是现代成功学家拿破仑·希尔提出的。他所表述的观点包括：尊重他人、学会倾听并恰当地给予回馈；学会宽容和谅解、适当地替别人着想，切勿自我中心、损人利己等。用中国古语讲，就是"己所不欲，勿施于人"。在亲子关系中，有些家长认为自己觉得好的事情，孩子也应该认为是好的，所以才会出现家长尽全力去做但孩子很难接受的情境。有些家长把自己认为最好的资源与条件都给了孩子，但孩子依然不买账。一些不富裕的家庭将家里的主要经济支出都用在孩子身上，希望对孩子的学习有所助力。多年前我的一位学生家长带着孩子参观了国内所有著名高校的校园，文化教育做到极致了吧？可是孩子不喜欢，每一次旅程都是在不愉快与争吵中结束的。家长已经将他能够为孩子提供的最好资源与诚意展现在孩子面前，结果亲子感情没有预期中的那样感人，氛围也没有想象中的那样融洽，究竟是谁错了？

心理学中人际交往的另一个法则——白金法则，可能会为家长提供一个反思的依据。白金法则是美国学者亚历山德拉博士和奥康纳博士提出的，他们的观点就是"别人希望你如何对待他，你就如何对待他"。

回到亲子交往中，如果想获得最好的交往感受，让彼此能够互相接纳，家长需要多花时间了解孩子，多考虑孩子的感受。只有用心去体会孩子的需求，才能让孩子真正接纳与愉悦。给孩子们他们真正喜欢的，这就是白金法则。

所以，如果还秉持着"我是大人，我说的话你就得听""我把最好的都给你了，你应该感到满足"的思维做事，家长就会被孩子彻底关在"心门"之外。到了高中阶段，有些孩子听到家长说话就会闹心，更不会接纳家长的意见或建议。

其次，用好一个共情技术。

共情本是心理咨询中的概念，这种共情一定不是一般性的安慰，而是特殊的、能够理解与分担对方精神世界中各种压力与负荷的能力。通俗地讲，在家庭教育中，共情就是要设身处地考虑孩子的感受，理解孩子的情感。例如，刚刚结束考试，有些孩子从考场出来，已经脸色苍白、心情不是很好，但是其家长还要问孩子"考得如何"，还是要比较着说"听说你们班的某人数学大题全答上了"，家长希望以压力激发孩子的内部驱动力；还有的家长对孩子的手机采取粗暴没收的管理方式，导致家庭冲突升级；还有的家长遇到问题就采用高压方式，表面看似乎有效，孩子在家长的控制下确实什么话也不敢说，但是这不代表孩子的内心没有愤怒。孩子的情绪压抑、积累到一定程度一定会爆发，可能会发生激烈的亲子冲突，也可能是孩子对家长彻底失望。以上都是家长不会共情的经典案例。

家长要知道，有些孩子沉迷于手机游戏，不是因为他们不想自控，而是无法自控，所以大多数玩游戏的孩子都是处于焦虑与自责的矛盾心态中，既痛恨自己又无法自拔。家长也要知道，孩子学习成绩下滑，他内心的挫败感比家长更深，他比家长更痛苦。共情是一种心理支持，是家长与孩子一起解决问题的态度与决心，这才是孩子遇到问题时的动力与支撑。

最后，做出一个行动：先关心人再关心事。家长的行动很重要。原则与技术是应该根植于家长内心的，行动才是外显的，是让家长以最快的速度走进孩子内心的捷径，是让孩子马上有动力行动起来的关键。

先关心人再关心事，具体如何操作呢？假如你把车撞了，如果你伴侣打电话说的第一句是"你没事儿吧"，无论他接下来说什么你都可以接受，因为你知道他最在乎的是你这个人；如果你伴侣打电话说的第一句是"车撞坏了吗"，你就会认为他不在乎你，接下来他做什么都无法弥补对你内心的伤害。

假设孩子在学校与同学发生冲突、动手了，家长被请到学校共同处理。回家之后，如果家长说"天天就知道惹事，我的脸在老师面前都丢尽了"，或者问"你今天为什么打架"，这种交流方式隐含着家长关心的是这件事情是如何发生的，也就是大家通常所采用的"关心事"的处理方式。家长可以立足于孩子的角度去想问题：他和同学发生了冲突，内心应该是比较难过的，一定是发生了什么特殊的事情。此时家长若问"你今天和同学打架了，心里是不是特别难受啊"，或者说"你今天与以前的做事方式不同，是不是发生了什么事情"，这种询问方式是更"关心人"、关心孩子的感受。这样的处理方法一下子就拉近了与孩子的心理距离，因为你的询问立足于他的视角，考虑他的感受，关心他在这件事情中的情绪变化。这样，孩子就愿意和家长进行沟通。

为什么"先关心人再关心事"会有奇妙的效果呢？这是因为从心理学的角度，它满足了人的自尊需要和情感效应。

心理学中有两个说法，第一个说法是"自尊大于一切的原则"，人人都有自尊心，维护自我尊严，不允许别人伤害自尊，这是前提。"先关心人"恰恰保护了孩子自尊的需要。第二个说法是"打动人心的只能是情感"。每个人都会受情感效应的影响，当我们去评价一个人时，无论多么理性、客观、严谨的人都会受到自身情感因素的影响：当我们喜欢一个人时，感觉他什么都好；讨厌一个人时，感觉他身上都是缺点。所以在与孩子沟通的过程中，要想有一个良好的效果，就必须控制自己的情感，关心孩子的感受，用情感打动孩子的心，这样才能与孩子坐下来心平气和地交流，这是解决一切问题的基础。

有些家长却恰恰相反，必须先关注自己的心理感受，将情绪发泄出来才痛快；等到自己舒服了，再想去解决孩子的问题，一切都为时已晚。家长不妨换位思考一下，一个人根本没有考虑你的感受，你不想与他交流是不是很正常？

　　各位家长，要想缩短与孩子的心理距离，让孩子听从家长的建议，就马上行动起来，将"一个原则、一个技术、一个行动"的"三个一"家庭工程操练起来吧！

06 | 让孩子减少拖延的三个方法

Case

　　在现实生活中，孩子爱拖延是常态。家长们看到孩子回家之后磨磨蹭蹭，找各种理由不写作业，为此烦恼不已。假期更是家长们痛苦加倍的日子，各种监督、催促，却收效甚微，孩子还是在假期即将结束时进入突击作业模式。除了学习，孩子做其他事情也是能拖就拖……

　　"拖延症"是现代社会普遍存在的一种现象。2001 年诺贝尔经济学奖获得者美国的乔治·阿克洛夫也讲过他的拖延故事。拖延症的研究者直接将拖延称为"人的基本冲动"。既然是基本冲动，那就代表人人都有。

　　如何让孩子不拖延呢？下面几个建议或许对各位家长有所帮助。

　　第一个方法：以拖延战胜拖延。

　　美国斯坦福大学的教授约翰·佩里写过一本书叫《拖拉一点

也无妨》，提出了一种战胜拖延的方法，获得 2011 年的"搞笑诺贝尔奖"。这个方法的精髓就是以拖延战胜拖延。

举例说明，你的孩子非常不愿意写作业，你可以让他给各个学科的作业排个序，最不爱写的、难度最大的学科排在 A，根据这个标准依次给后面的排为 B、C、D、E。然后，你与他商量，将 E 这个难度最小的学科作业写完，因为任务不重，所以孩子大多可以接受。这科作业写完之后，孩子的情绪就会发生隐性的变化，他们内心会很高兴，有点小小的成就感，成就感会增加孩子做事的勇气与信心。这时家长再和孩子商量写余下任务中难度最小的 D 作业时，孩子就非常容易接受了，以此类推，随着成就感的增加、自信心的不断提升，家长就可以引导孩子将这些本来拖延不做的事情全做了。

大家听起来感觉有点搞笑，但是这种方法无论对成年人，还是对孩子来讲都非常有效，因为对付拖延最好的方法是"立刻做"，或是用愉悦的心情和成就感提供外力支撑，这种以拖延战胜拖延的方法恰好具有这两种优势。因此，家长一定不要强迫孩子首先去做最难的事情，如果做不到的话孩子的自信心会被打击得灰飞烟灭，孩子会更拖延。家长可以帮助孩子选择"捡软柿子去捏"，挑简单的事情去做，小事情做好了可以帮助孩子塑造一种成功者的形象，为了在家长面前维持这个形象，孩子会继续努力，这样拖延就逐渐被战胜了，外力支撑转化为内力驱动。

第二个方法：把大任务击碎，使之变成若干个可以执行的小任务。

一个人通常的心态是，看到一个遥不可及的目标时会非常迷茫，看到一个大任务时会畏难，会不由自主地产生恐惧感，并希望迅速逃离。所以最好的方法是不要和孩子提太高远的目标，更不要将繁重的任务一下子压给孩子，要学会将任务分解。如果想提高孩子的成绩，可以从一个学科入手，不要贪多。家长只要理性一点，就应该非常清楚地知道，只有极少数天赋极佳的孩子才可能所有学科齐头并进，大多数孩子都适合一个学科一个学科地逐个击破。

所以，要让孩子摆脱拖延，家长要学会耐住性子，和孩子一起规划，一个小任务一个小任务地突破。例如这阶段就攻破英语学科的阅读理解题型，家长可以和孩子制订周计划，每周额外做 3 篇阅读理解文章，每天背诵 10～20 个单词，可征求孩子的意见量力而行。当孩子有了收获时，他战胜拖延的动力会不断增加。当孩子有了实质性的进展时，一定要给予孩子一些小奖励，这种奖励不是让孩子放纵，而是肯定他、让他心情愉悦。在此基础上再增加新的任务，孩子会完成得越来越轻松。现实生活中，很多家长贪多，忽视了孩子的畏难心理，人为地加重了孩子的拖延行为。

第三个方法：给孩子布置的任务要限定截止时间。如果是学校布置的任务，可以与孩子商量，将每项任务的截止时间明确地写出来。

这里需要注意的是，明确了截止时间，家长就必须有监督机制。在现实生活中，很多家长的教育行为是非常情绪化的，想起来就管教一下孩子，劈头盖脸地训斥，或冷嘲热讽地评价；等到家长情绪发泄完毕，就不再关注孩子的学习过程。没有过程管理，怎么会有结果？

有些人说，好孩子是"盯"出来的。这里的盯，不是有些家长理解的用眼睛"看着"。这里的盯，是家长用心地监督过程与情感激励。

一些高学历的群体也会采用借助外力的方式减少拖延。麻省理工学院的心理学家丹·艾瑞里做了一个研究。他要求学生们一学期要完成 3 篇论文，可以做两个选择：第一个选择是 3 篇论文期末一起交，第二个选择是 3 篇论文分别在 3 个时间节点交——期中、六月与期末。无论选择哪种方式，论文都在期末统一评分，早交论文也不加分；但是如果选择第二种方法，在规定时间节点交不上论文是要被扣分的。两个选择比较一下，显而易见是第一个更有利，但是麻省理工学院的学生们大多还是选择了第二个，他们希望利用外力使自己能够按时完成作业，减少拖延。

这个实验是不是给了家长们一些启示？我们可以通过设立截止时间的精细监督方式减少孩子的拖延行为，而不是生硬地讲道理、粗暴地指责，或是简单地依靠"看着"的方式解决问题。

拖延在某种意义上来讲是人们的公敌，每个人都有拖延现象，每位家长都不例外。我是一位心理教师，也是一位母亲，我深知，在陪伴孩子成长的过程中，感情用事与主观想象没有任何作用，只有行动才是硬道理。只要孩子迈出一小步，就可能走上由无数"小步"组成的发展道路。心理学研究表明，有一种拖延是由于追求完美而导致的，有些家长总认为孩子做得不够完美，总想让孩子想好了再去做，孩子也会认为自己做了也不会完美，那就"拖"着吧。

研究拖延症 20 年的皮切尔博士说："即便拖到明天，你也照样不愿做。"所以战胜拖延的最好方法就是不要追求完美，鼓励孩子去"做"，鼓励他"做"的行为和"做"的结果，"做"着、"坚持"着，孩子就会慢慢走向完美。

面对孩子拖延束手无策的家长，尝试一下以上三种方法吧！

07 | 三招培养专注力

Case

很多家长发现，孩子写作业的过程中，注意力不断分散，一会儿喝水，一会儿发微信，一会儿吃零食，一会儿上厕所，令家长非常崩溃，但又无可奈何。有些老师也会发现，有的孩子在课堂上总是走神儿，老师反复提醒的关键信息，孩子无法专注地去听、专注地去记忆、专注地去理解，学习效果自然很差。

不专注是所有学习效率低下和学习困难的共同表现。

一个孩子养成的良好习惯越多，他的能力就会越强，就会有更多的机会获得成功。专注是指一种心理状态，表示一个人可以全身心地投入某项活动或任务。在专注的状态下，孩子的学习效率可以大幅度提升，高效地完成设定的目标与任务，而且完成的效果极佳。

专注是家长所期望的孩子学习时的理想状态。专注最初可能仅是一种习惯，但是只要坚持下去，就会成为一种心理品质，是孩子在参与社会竞争时的核心竞争力之一。

在现实生活中，很多孩子的行为却与家长、老师的期望大相径庭，在学习中很难做到专注。

孩子注意力不集中怎么办？各位家长可以每隔一段时间就对孩子进行系统的训练。这种训练不必刻意去做，渗透在孩子的学习行为中就可以发挥实效。

首先，我们要了解注意力的相关知识，这样在培养的过程中才能有据可依。

不同年龄段的孩子，注意力高度集中的时间是不同的。在良好的教育下，5 岁以内的孩子，注意力集中的时间在 10 分钟左右；6 岁的孩子可以达到 15 分钟；7 岁至 10 岁的孩子注意力集中的时间不会超过 30 分钟，平均在 20 分钟左右。这时，家长和老师就可以理解，为什么老师上一节课需要不断地变换授课形式，因为要与孩子的注意力分散做斗争，把被分散的注意力再集中回来。所以对于年龄小的孩子，家长不要一次性给孩子安排太多的任务，因为孩子不具有这样的专注力。对孩子专注力的培养必须循序渐进，根据孩子的年龄特点进行。

到了初高中，有的孩子注意力集中的时间可以达到 2 小时，甚至更长；而有的孩子还停留在 30 ~ 40 分钟。也就是说，随着年龄的增长，孩子之间专注度的差异会加大，这与平时学习中家长是否关注到了孩子专注力的培养密切相关。

其次，要为孩子提供专注力训练的环境与条件。

第一，给孩子提供一个相对安静、不被打扰的环境。这里的环境既包括物质环境，又包括心理环境。

原则上讲，无论孩子多大，只要学习时就应该只摆放与学习相关的物品，不能摆放玩具、食品与电子产品。学习环境简单整洁，孩子学习时注意力才不容易被干扰、被分散。你可以提醒孩子，只要进入学习的空间，不管做什么都要专注，把要完成的任务当作最重要的事情。

从心理环境来讲，当孩子在适合的环境中学习时，家长不要去指手画脚，认为孩子学习方法不正确、学习态度不端正等。每个人都有自己熟悉或擅长的学习方法，家长不能以自己的主观臆断直接否定孩子。当然，有些家长是用另一种方式打扰，不断地进出孩子的房间，一会儿关心孩子饿不饿，一会儿送杯水、送盘水果，这些做法都不利于孩子形成专注的习惯。

从家长给孩子提供的环境与条件来看，有些年龄小的孩子，家长愿意给他们买很多书，孩子这本书翻两页，那本书看两天，这样的方式只能分散孩子的注意力，瓦解孩子的专注习惯。所以如果你的孩子还小，请先给孩子一本书，在孩子阅读完毕再给他另一本书，让他从小养成专注的习惯。对于年龄较大的孩子，有些家长愿意给孩子报很多课外班，希望孩子能够全面发展，但是剥夺了孩子形成自主学习习惯的机会，孩子也没有办法专注地、高质量地完成一件事情。

从家长的行为对孩子的影响来看，如果父母能够抵挡住外面的诱惑，与孩子一起学习，就是为孩子培养专注力提供的最好环境。现实生活中，有些家长边刷手机边陪孩子学习，家长本人就成了孩子学习的最大干扰。对于孩子来讲，家长给孩子示范如何专注，孩子就会在潜移默化中进行模仿，家长的言传身教在这里有着无穷的力量。

第二，将时间管理的方法精细化。具体地讲，就是给孩子制订计划时，必须明确任务完成的时间限定。这就需要家长了解孩子的学习能力，或者进行科学的调研。例如，了解孩子读完一本书需要用多长时间。如果给孩子的时间过长，就失去了训练的意义；如果给孩子的时间过短，孩子无法完成，他就会对以后类似的训练任务无兴趣。

对于初高中的孩子，可以在假期将一些学习任务变成限时训练，即规定一套练习题在一定时间内完成，孩子自己计时，或请家长帮助计时（具体方式请家长与孩子协商）。完成任务后，给孩子适度的奖励（如何奖励可参照"利用代币奖励法培养孩子习惯"一节）。这样才能激发孩子继续训练的决心，这种方式对于提高任何年龄段孩子的专注力都非常有效。建议假期时每天都给孩子设置限时训练的任务。

在这里，需要提醒各位家长的是，要了解自己的孩子，了解孩子的最近发展区，这个最近发展区就是孩子通过努力可以达到的目标。在限时训练或制订计划时，时间的安排要合理。如果一个孩子做一套题，最快也得半小时完成，家长设定为 20 分钟内完成，孩子永远做不到，他就会在强烈的挫败心理下放弃对自己的要求、放弃行动。

第三，家长不要干涉孩子做他喜欢做的事情，对孩子的学习多鼓励、少批评。专注力的训练也分主动训练与被动训练，对于有兴趣的事情，孩子会主动训练，例如有些孩子愿意画画，有些孩子愿意制作手工，他们做自己喜欢的事情时不会感觉累，注意力集中的时间也会非常长，进而将这样的专注力迁移到学习中去。

有些家长总是用自己的观念指导孩子，当孩子做自己喜欢做的事情时，家长就认为孩子不务正业，横加干涉。我认为，对于孩子喜欢的事情，家长可以与孩子进行约定，让孩子将享受休闲娱乐的时光变成培养专注力的一种方式。

现实生活中孩子专注力的培养大多是被动的，可以通过培养兴趣养成专注力。在兴趣养成的过程中，家长的鼓励与支持不可缺少，有些孩子形成某种兴趣，就是因为做这件事情可以经常得到家长或老师的表扬。所以在假期，在孩子制订计划、执行计划的过程中，家长不要过多地打击孩子，可以提醒孩子，也可以帮助孩子调整计划。

最后，借助心理学中训练注意力的方法。例如舒尔特方格训练（见图5-1）和斯特鲁普（Stroop）练习。

11	18	24	12	5
23	4	8	22	16
17	6	13	3	9
10	15	25	7	1
21	2	19	14	20

图5-1　舒尔特方格训练

舒尔特方格训练是指画一张有25个小方格的表格，将1—25的数字顺序打乱之后，随机填在表格中。可以制作很多张这样的表格，然后让孩子以最快的速度用手指从1到25进行点数，请家长或好友帮助计时。

斯特普鲁练习就是用彩色笔写出 25 个字，横排竖排各 5 个字，每个字都代表一种颜色，但是这个字是用另一种颜色写的，例如用绿色笔写"紫"字。训练时要求以最快的速度说出这个字的颜色，即绿，而非这个字"紫"。把所有字的颜色说出来，用时越短注意力程度越好。

这些是心理学中的训练方法，家长可以在假期中与孩子以游戏的方式进行。其实对孩子专注力的训练更多是源于日常的学习与生活细节，从孩子的学习与生活的细节入手才是培养孩子专注力的最佳方式。

08 | 孩子不愿意写作业怎么办

"我的孩子就是不愿意写作业，我和丈夫两个人轮流陪孩子写作业。陪伴的过程非常煎熬，都要把我们逼疯了。实在控制不住情绪时，我们就会与孩子发生冲突，完成作业的时间就会继续延长。这种情况成了我家的常态。如何解决孩子不愿意写作业的难题呢？"一位无奈的家长留言。

孩子为什么不愿意写作业？这个问题是现实生活中很多家长的疑惑，也是很多家庭的共性问题，或者说是家庭冲突的焦点问题。

在大多数家长的观念中，家庭教育就是家长实施教育行为，孩子接受教育的过程。家长是发号施令的一方，孩子是被教育的一方；家长发出命令，并监督孩子的行为，家庭教育的效果取决于孩子对家长命令的执行程度。如果孩子出了问题，一定是孩子执行的问题，是孩子自身在某些方面没有做好。

还有一些家长总希望教育是具有魔力的过程，孩子出问题时，希望可以有一个捷径或最佳的方法，甚至希望"一键"就可以解决孩子的问题。

以上观念代表着现代家庭教育的主要误区。我认为，家庭教育是家长与孩子相互了解、相互学习、互相提醒、达成共识、共同成长的过程。孩子出了问题，不是孩子一个人的问题，是家长与孩子的关系出了问题，是家长与孩子的交流出了问题，需要家长与孩子共同反思、改进与成长，尤其是家长的反思与调整至关重要。因此，家庭教育是一项考验耐力、意志力和情绪控制力的艰巨工程。

基于以上观点，下面我分析一下为什么不同年龄段的孩子都有不愿意写作业的问题，并提出一些建议，希望对各位家长有所助益。

第一个原因：有些作业孩子不会写，或者在写的过程中对大多数内容不熟练，孩子具有强烈的挫败感，有些孩子可能因此已经表现出厌学的心理或行为。

由于"不会"，所以不愿意写作业，这个原因很普遍，也是最表层的原因。只要家长观察一下孩子，就会非常容易地找到这个原因。人的本能是愿意去做自己非常擅长的事情，如果一个孩子在写作业的过程中表现出反感、抗拒等心理或行为，首先要考虑的是孩子对写作业不擅长或根本不会。在写作业的过程中，如果没有一点成就感，孩子怎么会喜欢呢？成就感是孩子有兴趣并形成内部驱动力的最重要的因素。

如果是"不会"这个原因，说明孩子在现有的学习环境下存在学习无力感。这种无力感会逐渐导致孩子对学习失去兴趣。

这时，家长最忌的行为是批评、讽刺，甚至强迫孩子去做他不会做的事情，这会加重孩子的厌学与抗拒情绪。家长的正确行为是分析原因，解决孩子"不会"的问题，依据孩子的特点为孩子提供条件，让孩子从"不会"变成"学会一些"，逐步提高。

第二个原因：孩子没有形成良好的学习习惯。

有些孩子在写作业的过程中，以各种理由拖延，比如喝水、上厕所、学习用品出现问题等，这说明孩子没有良好的学习习惯，没有形成"专注地学习"的习惯。

如果孩子是出于这个原因不愿意写作业，家长需要做的是要改正孩子原来不专注的习惯。学年越高，改正的难度越高。对低年龄的孩子，家长可以参照"三招培养专注力"一节对孩子进行训练，效果会很好；对初高中的孩子，调节与修正专注习惯的过程需要家长冷静下来，分析原因，与孩子共同制订方案，坚持执行。这个坚持不仅是孩子的坚持，更是对家长的考验。

我在多篇文章中反复强调，家庭教育是家长自我成长的过程。发脾气、惩罚孩子不解决任何实质性的问题，认真地反思，将自己的时间用于高质量的陪伴、有思考的规划、有毅力的坚持，才能看到孩子的逐渐转变。家长想仅通过一个咨询、一个回答就解决孩子长期形成的不良习惯或行为问题，是根本不可能的，这是家长将家庭教育简单化了。

第三个原因：家长对孩子写作业的要求不合理。

有些家长对孩子的控制欲极强，希望孩子完全按照自己的想法做事，一旦孩子不按照自己的想法做，家长就会闹心，会控制不住地想去干涉。例如，孩子放学后，有些家长想让孩子立刻就写作业，孩子不写作业，家长就会唠叨、表达不满，直至孩子屈服为止。表面上看，孩子听话了，但是这会把写作业变成孩子不喜欢的事、让孩子反感的事。对于学年高一些的孩子，例如初高中学生，孩子不愿意写作业，在一些家庭中是孩子对家长无声的反抗。

为什么让孩子放学后马上写作业不合理？

科学用脑是每个家长在指导孩子学习的过程中必须具有的意识。从脑科学来讲，学习是消耗大脑能量的过程，孩子经过一天的高负荷学习，大脑疲劳是必然的。因此适当休息与放松之后再写作业对于孩子来讲，应该更加合理。

当然，写作业也是学习的一种方式，科学地写作业是需要中间有休息的。小学生写 40 分钟至 1 小时、初中生写 1.5 小时左右、高中生写 1.5 小时至 2 小时最好休息一下。一些家长要求孩子写作业必须一次性写完，从科学用脑的角度看是不合理的。

所以，有些孩子不愿意写作业，是家长的要求不合理，让孩子内心产生强烈的不舒适感，甚至加重了孩子的负担。孩子在校学习一天，回来后被家长不科学的想法裹挟，不仅身体疲劳，心理也疲劳，更重要的是产生负面情绪。如果孩子正在十四五岁，处于青春期逆反阶段，不愿意写作业会引发更多的家庭冲突。

如果是以上原因导致孩子不愿意写作业，家长需要及时了解孩子的心理，并与孩子进行沟通，亲子之间制定双方同意的协定与规则，共同执行规则。

总之，孩子不愿意写作业，不同的孩子原因略有差异，需要根据孩子的实际情况进行分析。当然最本质的原因还是孩子在内心对写作业这件事"不爱""不喜欢"。大多数家庭将孩子不愿意写作业进行简单归因，认为是孩子态度问题，让孩子端正态度，实际上这并不是什么有效的解决方法。

家长需要在分析的基础上想办法让孩子从"不爱""不喜欢"逐渐变为内心不抗拒，最后到喜欢。定规则、有行动、重监督、共同坚持，必要的时候可以给予孩子一定奖励。目标就是让孩子不讨厌学习、完成一定任务时有成就感，在成就感的基础上逐渐喜欢学习，最终能够主动写作业。这个目标的实现对家长来讲是考验，需要家长控制情绪，站在相对客观的角度弄清孩子不写作业的原因，对症下药；还需要家长放弃自己的娱乐时间，做好陪伴者与孩子成长的激励者，这样才能真正解决问题。

温尼科特说过："一个好的养育者，需要给孩子一个相对抱持的环境。"所谓抱持的环境，就是一个不限定、不批判的精神上的宽松环境。所以孩子做不好，或者做了让家长无法理解甚至不那么喜欢的事情时，家长要接纳、要沟通、要问原因、要想办法、要对孩子有明确且理性的调整建议，不要打击孩子的人格和自信心。

Chapter 6 | 备考篇 |

以开放接纳提升孩子的价值感

家长拥有开放的心态意味着，首先要承认自己存在的错误或做得不足的地方，放低姿态并尝试着接纳孩子，虚心听取孩子的想法和他人的建议，不断修正自己的观念与做法。接纳的行动包括接纳孩子出现的问题，接纳孩子的不完美。家长的接纳可以提高孩子的自我价值与主观幸福感，是对孩子最大的心理支持。考试前，孩子只有在家长无条件的接纳中才能自信、平和地走向考场。

01 | 两招避免关键考试"拉垮"

Case

　　小李和小明都是非常优秀的学生，是家长和老师的骄傲。但是他们两人都有些小遗憾：小李平时成绩很好，能力很强，但考试成绩总是不尽如人意，老师经常说小李没有发挥出他的真实水平。小明则非常在意自己在老师心目中的位置，也在意自己的考试成绩，每次考试前都认真备考，对自己要求严格，不允许自己出现失败，结果却事与愿违，每次考试后都承受失败的打击。

　　在心理学中我们将这两种现象分别称为"克拉克现象"和"瓦伦达心态"。

　　克拉克是澳大利亚著名的长跑健将，曾10次打破世界纪录，被称为天才。然而，他在运动巅峰期参加的两届奥运会上却发挥失常，与金牌失之交臂。后来，人们以这位运动员的名字来形容大赛中发挥失常的现象。虽然这种现象最早在运动竞赛中被发现，但在学校考试中，"克拉克现象"也经常出现。

　　如果你的孩子经常出现"克拉克现象"，容易在关键考试中发挥失常，就需要重视并采取合理的处理方式；反之，如果家长不自知，遇到问题还按照自己的思维方式去处理，将会使孩子的问题加剧，使成绩下滑更严重。

如何对待这样的孩子？可以试试以下四种做法。

首先，要注意孩子的情绪变化，引导他保持良好的心态。据我们在校观察和统计，具有下面特征的孩子容易出现"克拉克现象"：缺乏自信、性格比较懦弱、在学习中受过多次挫折、常常会自我怀疑。这种类型的孩子即使面对自己比较有把握的问题，回答时也显得犹豫不决，而这往往会在一定程度上强化不良情绪，干扰解题的思路。如果他见到陌生题或难题，则更容易心生不安、乱了方寸。对于这样的孩子，加以鼓励是解决问题的主要手段，不要轻易否定孩子的学习方法，让孩子坚信自己的学习方法是有效的，因为强大的自信心是避免出现"克拉克现象"的重要基础。

其次，在陪伴孩子备考的过程中，要给予孩子自信的力量。这样的孩子由于自我怀疑，在信心不足时，有时会通过比较隐蔽的表达方式来获取家长对他的支持。此时，家长一定要清楚孩子的需求，给予足够的心理支持。家长可以在鼓励的同时进行具体的指导，例如提醒孩子有重点地进行复习，注意老师明确指定、反复强调的内容和孩子自己感到最薄弱的、经常出错的地方。孩子在考试之前扎实地复习后，知道自己知识点掌握得比较牢固了，他就能安下心来，也有助于避免一些意外的发生。

再次，这样的孩子在考试前一定要注意休息，开夜车、用脑过度、睡眠不足，精神过度紧张，会加重考场上的"克拉克现象"。所以临考前要让孩子尽情放松，让他散散步、听听音乐、打打球，使大脑得到充分休息，保持心情舒畅。

最后，孩子考完一科和家长反馈遇到难题或反馈自己很紧张时，家长可以暗示孩子"在难题面前人人平等，对你来讲是难题，对其他人来讲也一样"，或者"你复习得很充分，一定会考好的"，以此来稳定他的情绪。

在关键考试中还有一种现象，就是"瓦伦达心态"，是指为了达到某种目的总是患得患失的心态。

瓦伦达是美国走钢索的杂技演员。他在离地几十米的钢索上，在没有任何人身安全保护措施的情况下进行表演，有时候还要面对风雨等不利因素的干扰。大家可以想象其危险性，但他始终能在表演中大获成功。对此，瓦伦达说："我走钢索时从不想到目的地，只想着走钢索这件事，专心专意地走好钢索，不管得失。"但是，在他人生的最后一次表演中，他从钢索上坠下致死，因为他有了患得患失之心。据他妻子说，瓦伦达在表演之前一直强调"这次只许成功，不能失败"。

瓦伦达最初是非常成功的，因为他只专注于他的表演，从不考虑其他。但是就是这样一个人，当具有强烈的成功欲时，也不可避免地会分散专注力，使他出现了失误，赔上了性命。

家长如何引导孩子避免"瓦伦达心态"呢？

第一，平时要少在孩子面前渲染考试成功之后的喜悦。有些家长只要孩子考得好，喜悦之色就溢于言表。家长过于在意成败，会给孩子下一次的考试造成一种无形的压力。当然也不排除，家长不通过语言将成功欲表现出来，却在潜移默化中影响孩子。孩子过分关注成功、胜利、荣誉、地位，沉醉于对胜利、成功的向往和喜悦，会分散对考试的专注力，往往会影响到正常水平的发挥。

第二，家长要少考虑考试的失败。既然考试是竞争，它就是残酷的，只要有竞争就必然会有失败。如果对孩子考试后的失败经常过分地指责与评价，可能真的会造成孩子从此一蹶不振。例如当一个高尔夫球手击球前一再告诉自己"不要把球打进水里"时，他的大脑里往往就会出现"球掉进水里"的情景，而结果往往事与愿违，球大多会掉进水里。当一个孩子一再告诫自己"不要紧张"时，他在考场上可能更容易紧张。

所以，面对竞争，我们能做的不是给孩子加压，而是减压。要想使孩子保持一种稳定的心态，我们只需要鼓励孩子多行动，少考虑得失，使孩子在复习、应考阶段能够尽可能多地掌握所学知识，在各种考试中稳定发挥，才能有理想的成绩。

我认为，不让孩子在成长阶段留有太多的遗憾是做父母的最终目标，所以教育不是管理，是提醒。不要天天盯着孩子的考试成绩，因为即使我们望眼欲穿，也难以改变结果。与其这样，不如顺其自然，在孩子的成长中做一名合格的提醒者。

02 | 应对学习与考前焦虑的 三种理智做法

Case

　　小王同学只要到期中、期末等重大考试之前，就会找我咨询，诉说她的紧张情绪。她每次备考期间睡眠都很少，吃得也不多。有一次，她妈妈陪她一起来咨询，小王一直在问我："老师，我这次考不好怎么办？"我还没有回答，她的妈妈已经落下泪来，补充说明小王在家里如何焦虑，她又如何心疼小王，这种状况持续了3年。但实际上，在这3年中，小王的成绩从来没有大幅度地下降过⋯⋯

　　中高考是全社会普遍关注的考试，期中、期末考试也是家长和学生心中重要的学习检测过程。因此，学生、家长、老师、学校、社会都在关注不同年级的考试，孩子的心理压力可想而知了。

　　面对重大考试，孩子的心态会发生波动，在方方面面都有体现。有些家长反映孩子的心态越来越焦躁，情绪变化较快；有些孩子开始怀疑自己的能力，对自己时而有信心，时而没信心，弄得老师和家长都很头疼，不知道如何去安抚他们；有些家长反映自己孩子的学习状态发生了改变，越临近考试越焦虑，家长可以非常清晰地感知到孩子的焦虑，于是有些家长也不由自主地紧张起来，家里的氛围让人感觉如临大敌。家长和孩长都不喜欢这样的变化和氛围，但是他们却不由自主地在营造这种氛围。

还有一些孩子，在面临各种模拟考试的时候就开始出现学不进去、失眠、焦虑、无信心等情况，家长内心非常焦急，不知所措。

冷静下来，除孩子本身承受的考试压力，还有一些是家长在孩子备考期间行为反常给孩子带来的压力。因此，我建议家长们要在这段时间里首先控制好自己的情绪，给孩子相对自由的空间。这样孩子才能积极调整心态，减轻焦虑心情。

既然是考试压力引发的学生考前焦虑，那么如何科学对待考前焦虑呢？

心理学研究认为，焦虑有三种水平：轻度水平、中度水平、重度水平。

从科学上来讲，并不是所有的焦虑都是有害的，因此也不要看到孩子有些紧张就大惊小怪。因为焦虑水平与考试成绩的关系并不是单纯的正比关系，而是呈一种倒 U 形曲线，即孩子焦虑水平低时，学习成绩不佳；焦虑水平非常高时，学习成绩也不佳；而在适度紧张时，即中度水平的焦虑反倒可以使一个学生学习效果或考试效果非常好，进入最好的学习状态和考试状态。

这就是有名的耶克斯－多德森曲线，如图 6-1 所示。当人的动机强度处在中等水平，也就是保持在中等水平的焦虑状态时，可以使人产生紧迫感，集中注意力，充分发挥大脑的潜能，让大脑高效运行，很快进入临战状态，对考试成绩的提升是有好处的。其实很多孩子都有体会，在考试时精神会高度集中，对周围环境感觉不灵敏，对时间也没什么感觉，此时回答的准确度比较高。因此，孩子在考试前有些紧张也不必大惊小怪。

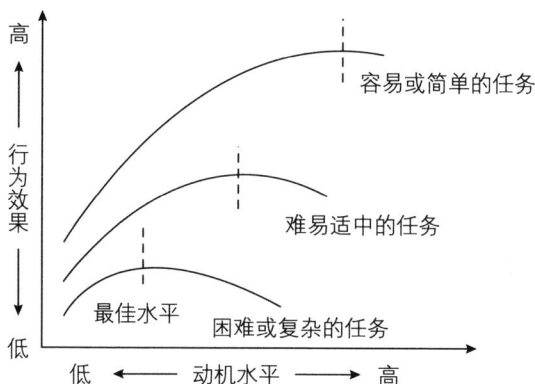

图 6-1　耶克斯 - 多德森曲线

资料来源：李寿欣. 普通心理学 [M]. 济南：山东人民出版社，2013.

如果考试前过分放松、毫不在意的话，即轻度水平的焦虑可能会使学生由于缺乏足够的动力，在考试时不能发挥最好水平、达到最佳状态。所以在考试前也不要太放松，毕竟"大意失荆州"。我的一个朋友就是焦虑水平非常低的人，他在考驾驶执照的桩考时，考试多次也没办法通过。原因很简单，他在考试时由于不在意，经常会出现小的失误而无法通过。

当然，也有少数孩子是焦虑水平过高的，即我们平常说的有焦虑倾向或焦虑症。压力超过了一定的限度就会适得其反，对成绩产生一定的不利影响。对考试的过分紧张也会在某种程度上影响到学习进度，妨碍他们在考试时的良好发挥，这时就需要对孩子的心理状态进行调节，必要时可以求助心理咨询人员。

当一个孩子在临考前感觉学习有压力，出现学习或考试焦虑时，可以采用以下三种理智的做法。

第一，对于孩子出现的焦虑首先要保持冷静心态，进行理性分析。如果孩子的焦虑仅停留在情绪表层，家长和孩子就不要有负担。孩子在考试前出现的焦虑一般来讲是不足以影响成绩的。

有的时候，家长发现孩子出现焦虑反应，其实是家长自己过分敏感与焦虑造成的。有一位家长曾经在高考前问我"孩子紧张怎么办"，我首先反问她的就是"你的孩子和你相比，谁更紧张一些"。她仔细思考了一下说："好像我比她还紧张。"有时候孩子的焦虑水平是正常的，反倒是家长的大惊小怪造成孩子与家长同时焦虑。如果是这样，家长就可以放宽心，鼓励孩子全身心地备考，不要受心理因素的困扰。

第二，分析焦虑的程度，是轻度焦虑、中度焦虑还是重度焦虑。如果是轻度焦虑和中度焦虑，应该认识到中度焦虑更有利于激发孩子的学习动机，让孩子产生更强烈的学习动力，有利于孩子充分激发大脑的潜能。尤其是在考试时，中度焦虑是有利于孩子的考试发挥的。

第三，给孩子积极的心理暗示，不要帮倒忙。

无论孩子参加重大考试时父母"千万不要紧张"的反复叮咛，还是孩子学习成绩不好时来自父母"笨得不行"的斥责，都是消极的暗示。父母要告诉孩子，"不要以一次成败论英雄"，过于担心、焦虑不仅于事无补，还会影响水平的正常发挥，百害无一益。

多年的工作实践告诉我，很多孩子的焦虑水平都是正常值。试问，马上就要考试，孩子怎会不紧张？但是很多家长过分夸大了孩子的焦虑，也随之焦虑起来，与孩子的焦虑互相影响，双方共同进入更高的焦虑水平。因此，家长不要过度渲染考试的紧张气氛，更不要过于夸大孩子的焦虑水平。你的平静、平和会传递给孩子。

03 | 孩子在学习中出现 "高原现象" 如何应对

Case

　　有一个孩子，他的妈妈在学校附近租房常年陪读，他的爸爸是一名老师，由于工作单位太远无法和儿子住在一起。有一次他打电话咨询："孩子突然间不同意妈妈陪读了，母子二人矛盾特别大，劝谁也没有用。"后来我了解到，孩子在那个阶段非常努力，但是成绩一直在下滑，妈妈认为儿子肯定是没有认真学习，怀疑儿子有其他的事情瞒着她，于是爆发了母子冲突。

　　经过与孩子的交谈，我发现这个孩子遇到了心理上的"高原现象"。心理学中的高原现象，是指在某些动作技能形成的过程中，训练量达到一定程度的某一阶段所出现的不进步、暂时停顿的现象，有时甚至有所退步。出现高原现象的学生，除了成绩停滞不前，还会出现各种心理反应。高原现象表现在学习方面，则会出现孩子在学习或复习过程中的一段时间内，学习成绩和复习效率停滞不前，甚至对学过的知识感觉模糊。

孩子遇到高原现象，孩子和家长会有非常蒙的感觉：孩子不知道自己怎么了，有的失去信心，从此一蹶不振；家长不知道孩子怎么了，一会儿请家教，一会儿买资料，东一头西一头地乱撞，希望可以找到解决孩子问题的方法，当然也有的家长指责孩子，与孩子发生冲突，加重了孩子高原现象的反应。

那么高原现象究竟有哪些影响呢？

处于这一阶段的孩子，往往脑袋里一团糨糊、学习效果不好，以至于不少学生对学习失去了信心，认为自己的头脑不行了，质疑自己的学习能力，影响到学习的积极性。由于孩子和家长不了解高原现象的规律，发现努力学习的结果是"不进步却退步"，家长和孩子双方或一方陷入急躁、焦虑的状态，影响到孩子学习的效率。

如何看待高原现象？

孩子在初三、高三的复习阶段非常容易出现高原现象。我所任教的非毕业年级，有些孩子和我交流，他们也进入了一个学习的瓶颈期，好像无论如何学习都很难看到进步。也就是说，非毕业年级的部分孩子也会出现高原现象。

如何引导孩子走出高原现象呢？

首先，家长和孩子一定要明确，高原现象是每个孩子在学习中无法回避的客观现象。

高原现象的存在，并不意味着学习到了极限、成绩到了极限，只是对有些同学来讲进入了一个特殊阶段，提醒他们需要进行适当的调整。从本质上来讲，高原阶段是孩子反思、积累的重要阶段，只要及时调整，孩子很快就可以走出高原阶段，学习会有一个很大的进步。

其次，要明确孩子的高原现象产生的原因。

根据心理学的研究及实践教学，我认为以下三个方面可能会造成孩子出现高原现象。

第一，重复性的学习太多或者练习过量，使孩子出现了生理疲劳与心理疲劳。生理疲劳与心理疲劳相互作用，累积到一定程度就会产生高原现象。

第二，在某一学习阶段，孩子没有有效的学习方法或者非常科学的复习计划。从科学上来讲，孩子在不同阶段学习的内容不一样，学习的方法也应该有所不同。但是有些孩子一味"死学"，即无论什么内容都采用千篇一律的方法，用一种惯有的思维对待每一学科、每一部分内容，这样就会出现学习内容与学习方法和思维方法的不匹配现象，发展下去就是高原现象。尤其在读高三的孩子，出现高原现象的会更多些，因为专题复习（二轮）和综合练习（三轮）阶段都需要将知识融会贯通，强调综合能力与分析能力的运用，这对于学习方法比较僵化的孩子来讲就是挑战，难度加大时就容易使他们进入高原阶段。

第三，学习内容触及孩子知识体系中的"弱点"。我们都知道，孩子学习的知识体系包括许多知识点和能力点，对于不同的孩子来讲，他们对这些知识点和能力点掌握的程度是不同的。简言之，每个孩子都有短板和"偏点"现象。一个班级有很多学生，因此教学默认按照"机会均等"的方式进行，加上一些孩子哪些"点"强就愿意做哪些方面的训练，哪些"点"弱就回避哪些方面的训练从而形成"强点更强，弱点更弱"的现象，积累到一定程度，就会出现高原现象。

最后，要用平和的心态、科学的认识引导孩子自我调整。以下几个环节供各位家长和孩子参考。

第一，克服急躁情绪，提高自信。

冷静下来，是处理高原现象最重要的环节。有些家长看到孩子处于高原现象就先崩溃了。家长稳住、有信心，才能帮助孩子走出困境。

第二，克服恐慌心理，寻找方法。

出现高原现象就意味着以往的学习习惯和学习方法对于现阶段的学习来讲存在一些不利因素，影响和制约了孩子学习成绩的提高。因此，要想让孩子提高成绩，走出困境，家长和孩子都要冷静下来，进行一下反思，主要包括：孩子的哪些学习习惯和学习方法对现阶段的学习是有效的，可以继续保持；哪些学习习惯和方法已经制约了孩子学习成绩的提高，必须改进。

第三，克服负性情绪，行动起来。

孩子在学习上遇到高原现象时，家长要引导孩子有针对性地进行能力训练，不能盲目地给孩子增加学习量，继续加大孩子的心理疲劳与生理疲劳。可以让孩子就自己的薄弱点或学习方法和老师进行探讨，集中精力和时间做学校布置的任务。因为每所学校、每个年级对教学都进行了系统研究，练习题的配备是相对合理的。如果孩子不能完成全部的练习题，可以征求老师的意见，先就孩子的薄弱点进行训练，重点突破。科学的行动是突破高原现象的底气。

当然，在孩子学习的高原阶段除了适当增加营养外，为了让孩子保持充沛的精力，保证充足的睡眠也很重要。

总之，绝大多数孩子都会走出学习的高原阶段，都会突破高原现象。有的孩子高原阶段长一些，有的孩子高原阶段短一些。面对孩子在学习上出现的高原现象只要家长不自乱阵脚，鼓励孩子坚持住，不灰心，不放弃，孩子很快就会突破高原现象。孩子经历高原现象之后，往往会有一个质的提升。

04 | 指导孩子应对考前焦虑的四个实用技术

Case

> 有一年高考，我的学生在考前一天晚上给我打电话，问："老师，我太紧张了，根本睡不着怎么办？"我说："考试前谁不紧张，你长话短说，不要占用老师太多时间，因为还有很多同学会因为紧张给老师打电话。"他说："真的吗？那我把时间让给其他同学。"第二天他告诉我，放下电话，他就睡着了，而且睡得特别好。

考试是孩子在学校不可回避的一个环节。孩子对老师，尤其是对心理老师询问最多的就是焦虑问题，许多家长也有同样的感受。那么，孩子出现焦虑情绪时怎么办？下面介绍的技巧均改良自心理学中的咨询技术。

第一，认知技术。科学判定孩子的焦虑值，以自己稳定的心态给孩子吃定心丸。

各位家长可以回顾一下前面的有关内容——"孩子考前焦虑怎

么办"，当孩子在考前出现焦虑状态时，家长可以简单判断一下，孩子的焦虑水平是不是在正常范围之内。根据我多年的经验，有85％（也可能是更高的比例）以上孩子的焦虑情绪是正常的，这说明孩子是进入了考前的备战状态，是有助于孩子在最后几天冲刺复习的。这时家长千万不要大惊小怪。如果孩子不和家长谈论自己的焦虑状态，以往也没有因为焦虑而影响成绩，那么家长就忽略孩子的焦虑情绪吧，更不要主动谈论焦虑，做好家长应该做的支持事项即可。家长要相信孩子会调整好自己的。

有些时候，家长不把孩子的焦虑当回事，孩子就不会受焦虑的影响。有些家长看到孩子有一点点焦虑反应，马上就开始担心会影响到孩子，但他们的表情、语言、动作出卖了他们。根据心理暗示的原理，他们"成功地"让焦虑影响了孩子。

焦虑的情绪，你越强化它，它越影响你、纠缠你。淡化它、忽略它，是对待焦虑的最好方法。

第二，共情技术。让孩子感知到焦虑不是他独有的，从而降低孩子的焦虑值。

共情技术是指能够设身处地理解他人的感受。例如孩子告诉你他感到焦虑时，你可以告诉孩子，你特别能理解他的感受，因为在你年轻的时候，考试前也会焦虑。如果你没有焦虑的体验，可以找一个他人的例子与孩子共情，让孩子看到，焦虑不会影响成绩，让他知道这种焦虑状态不是他自己独有的。

在实际的教学生涯中，有一部分孩子，在我讲述我上学时带着焦虑考大学、考硕士研究生和博士研究生的过程中，他们就放松了自己的心态。

　　这时家长最不能问的一句话就是：你为什么焦虑？这句话隐含了这几个意思："你的焦虑我不理解，我需要问为什么""你的焦虑我没有经历过，所以让你告诉我"。这时孩子内心的不确定感就会增加，焦虑水平也会上升。当家长问孩子为什么焦虑时，实际上是在引导孩子深入体验焦虑感，让孩子走进焦虑，而不是走出焦虑。

　　第三，例外技术。让孩子通过成功经验的分享形成战胜焦虑的信心。

　　"例外"是心理学中的"短期焦点治疗"技术，是指通过倾听，从孩子表述的问题中找到闪光点或例外，给孩子一个解决问题的独特视角，让孩子跳出来看自己的问题。

　　具体操作是，当孩子在考试之前告诉你他焦虑了时，你可以问他："我知道你焦虑的感受，你之前有没有考试前不焦虑的时候？"这时候家长要挖掘孩子曾经不焦虑的那个时刻，哪怕只有一次。在孩子回答之后，你可以继续问："那个时候为什么不焦虑呢？你是怎么做到的？"抓住这次例外，往深处挖掘，找到孩子自己没有发现的闪光点、好的做法，家长可以将这个做法放大，让孩子深入地回忆与体会一下，他会发现他之前曾成功地战胜了焦虑。这个技术的要点就是与孩子一起回忆成功的做法，分享成功的体验，增强孩子的信心，给孩子一种积极的心理暗示：他是可以战胜焦虑的。家长也可以再次使用共情技术，将自己成功战胜焦虑的经验分享给孩子。

　　焦虑的本质原因就是孩子对未来的不确定性感到恐惧，通过你与孩子的交流，孩子发现这个不确定性已经确定了，焦虑感自然会下降。人的心态很奇妙，这种做法比家长空洞地说教、鼓励与讲道理有用多了。

第四，见证技术。见证孩子的付出与努力，赋予孩子力量。

在心理学中，见证技术的一个功能就是让我们本来不觉得那么真实的变化变得真实。类似于我们做一个项目，会举办一个仪式，让更多的人见证这个项目的启动与发展，这会给项目组更多行动与坚持的力量，这个项目的一切进展都变得那么真实。

面对孩子表述的考前焦虑，大多数家长是无奈的，所以很多优秀的、善解人意的家长说："孩子，考好考坏都没关系，爸妈都能接受。"这是家长们能够想到的最令自己满意的一句安慰语。但是仔细分析，孩子会品到"泄气"的味道。

各位家长要清楚一件事情，有焦虑情绪的孩子大多非常敏感，会很敏锐地捕捉到家长的心态。当家长这么说时，孩子会认为家长对自己失望了，对自己没有信心了，所以他会有强烈的挫败感。

因此，家长可以使用见证技术，用另一种表述方法："孩子，这几天我也感受到了你的焦虑感，和妈妈（爸爸）当年一样，有时候焦虑了学不进去（此处为共情技术），但是我看到了你比我更优秀的地方，尽管焦虑，但是你控制得特别好，我看到了你的努力，看到了你不放弃，比妈妈（爸爸）当年强多了，你真的挺棒的（家长可以通过具体事例来证明你见证了孩子努力的过程）。"家长这样的表述会给孩子力量。

"考好考坏都没关系"是无奈的情感占主体，见证孩子努力的表述方法会使孩子认为努力一定会获得相应的回报，这是信任的力量，会激发孩子的潜能，让孩子继续努力去做。

　　我们都知道，孩子焦虑时，如果能够鼓励孩子坚持去做，多掌握一些知识点和能力点，就会增加成功的概率，降低焦虑水平。

　　其实以上技术不仅适用于家长，也适用于全体老师；不仅适用于考前焦虑的辅导，也适用于平时对孩子的激励。

　　家庭教育不是家长自以为是地付出，不是家长采取一些感动自我的行动，而是真诚地感知和科学地指导。每位家长都可以成为孩子身边优秀的心理咨询师。

05 | 警惕"心理饱和"现象
对孩子学习的影响

Case

一位妈妈非常着急，孩子还有两个月就要中考了，却出现了非常疲惫、不愿意学习甚至根本学不进去的现象，学习效果就更不要谈了。如果这样发展下去，家长不敢去想后果，所以打电话向我咨询，希望能够找到解决问题的好办法。

在重大考试之前，很多孩子会出现"学习疲惫、学习兴趣不足、学习效果不佳"的现象，老师和家长看到孩子出现这种现象都会非常焦急，并给这种现象贴上"孩子学习无动力""孩子学习状态不好""孩子学习不用心"等标签。心理学把孩子出现的上述情况称为"心理饱和"现象。

在生活中，我们有这样的经验：要是我们将盐不断加入温水中，盐会溶解，但是随着盐量的增加，最后盐不会再溶解于水，出现饱和现象。人的心理也存在"饱和"现象，由于不断地重复同一个要求或以同样的方式重复做一项任务，人的心理承受力到了极限，就是心理饱和。心理饱和会影响到人工作或学习的效率。处于心理饱和状态下的人外部表现是：没有兴趣，出现厌烦情绪，不想再继续此项任务。

心理饱和状态不仅出现在学习中，在生活的方方面面都可以体现出来。例如，多么漂亮的衣服看久了，也会慢慢地不再喜欢了；再喜欢的工作天天去做，也会有厌烦的时候；夫妻相处久了似乎都不会好好说话了，所以心理饱和现象无处不在。

由于心理饱和的效果大多是负性的，不仅会影响学习与生活的质量，还容易使人产生焦虑情绪、不自信的心态，甚至失去做事的动力，所以对心理饱和有清晰认知并科学对待就显得尤其重要。

对学校中出现的心理饱和现象进行分析，孩子主要在两种情况下容易进入心理饱和状态。

第一，任务单一且活动方式单一。例如，在高考的冲刺阶段，孩子们为了以最好的状态去参加高考，充分利用最后的这些天，大多不再参加其他活动，重复地进行着大量的、各类题型的训练。这时，由于学习及任务方式过于单一，容易出现心理饱和现象。再例如，物理老师布置测试题，如果是 5 道小题，孩子们就会兴致盎然；如果是 100 道题，孩子们刚开始做还能速度较快，正确率也高，但是随着做题量的增多，孩子们不仅速度慢下来，还会出现不耐烦的情绪，更重要的是各种错误丛生。

第二，持续学习形成脑疲劳。有些孩子为了迎接某次考试或学校组织的某项活动，持续学习或复习某一学科知识或某一类别的知识，大脑不知不觉地进入了疲劳状态，此时就容易出现心理饱和现象。例如语文学科单元测试前，只做课文背诵、文言文复习、语法梳理等。如果没有其他的调节方式，有的孩子就会由于持续学习形成心理饱和现象，到最后连语文教材都不想看一眼，更别说高质量复习了。

那么如何防止心理饱和现象发生？或者当心理饱和现象出现时，家长怎么做更合理？

首先，要有正确的认知。

任何一种心理现象发生之后，正确的认知是解决问题的基础与关键。某种意义上来讲，心理饱和现象也具有积极意义，它的出现是一个提醒，提醒孩子要重新审视学习方法；提醒孩子要改变学习方式，合理安排各种学习任务；提醒孩子要调节学习节奏。总之，当心理饱和现象发生时，家长要沉着冷静，不要大惊小怪，有些时候孩子的惊慌源于家长的焦虑，家长要引导孩子把心理饱和当成一种善意的提醒，不要被它恐吓住而止步不前。有些家长看到孩子学习状态差，就主观臆断孩子意志力差、付出不够等，力图通过用言语刺激或加压加码的方式让孩子恢复良好的学习状态。这种期望是好的，但是往往事与愿违，心理饱和之后继续给孩子加重学习负担，就可能使孩子的大脑出现保护性抑制，那时孩子的大脑就"罢工"了，恢复的时间会更长，孩子会更加痛苦。

其次，要主动缓解脑疲劳。

心理饱和现象是提醒孩子大脑进入了一种疲劳状态。充足的睡眠是大脑保持良好运转状态的必要条件。此时千万不要让孩子硬撑，鼓励孩子用意志力战胜心理饱和是一种蛮干，会使孩子的状态继续下滑，所以这种方式不可取。

缓解心理饱和有两种方式，一种方式是让孩子适度放松，通过休息缓解僵化的思维状态，调节整体状态；另一种方式是通过科学用脑，变换科目，让大脑不同的区域交替运作来缓解心理饱和。例如，如果你感觉孩子这阶段对数学投入太多，孩子说大脑已经不再运转，那就引导孩子在做一段时间数学练习后变换内容，去做英语学科的训练。由于这两个学科在大脑皮层上的兴奋区域并不相同，变换学习方式与内容可以使大脑皮层的某个部位在工作与休息中转换，是一种休息方式。建议学习一个学科的时间为1~2小时，换另一学科前，最好休息5~10分钟。这样能够使大脑得到适当的休息，既可以避免或缓解心理饱和，也可以提高学习效率。

再次，合理安排学习，有舍才有得。

如果你的孩子是高三年级的学生，在高考的最后冲刺阶段，合理安排时间、合理安排学习任务很重要。为了不让孩子考前过度疲劳，一定要让孩子在劳逸结合的基础上选择恰当的学习方式。例如，注重知识体系复习，关注自己的薄弱点和易错点，有取有舍，避免重复性的学习带来心理饱和。如果你的孩子已经出现心理饱和的现象，坚决不要再搞题海战术，否则就会加重这一现象。

最后，让孩子学会缓解负性情绪。

状态紧张和情绪低落是造成心理饱和的原因之一。因此，如果发现孩子有厌烦情绪和负性情绪，或者孩子做什么事情都无精打采、提不起兴致，就需要带着孩子进行适度的放松。例如做一些简单的体育运动（散步、跳绳等）；在孩子同意的情况下，让孩子做一些简单的家务；让孩子和好朋友聊聊天，或者在家里做一做简单的放松训练，分散注意力。缓解了焦虑情绪，就会减少心理饱和带来的影响，让孩子的情绪有一个释放的渠道。

总之，心理饱和在学习和生活中无处不在，我们不能忽视它的影响，但是也不要过于恐慌。当家长发现孩子有心理饱和现象时，要沉着冷静，引导孩子通过以上的方法将心理饱和"大化小，小化了"，让它彻底消失在孩子的世界中。

06 | 如何应对考试中出现的"舌尖"现象

Case

有毕业年级孩子的家长问我，孩子几次考试一直处于成绩下滑的状态，在上一次考试中，孩子认为题目很容易，答案就在嘴边打转，可是怎么也写不出来。孩子既遗憾又有些恐惧心理，害怕这种事情再次发生，家长也是心中没底，不知道如何帮助孩子才好。

家长所描述的这种现象在心理学上是一种暂时性的记忆受阻，被称为"舌尖"现象，意思是回忆的内容已经到舌尖，只差一点儿但是无法忆起。

这种现象不仅出现在毕业年级的考试中，各个年级的孩子都可能会遇到。当然，我们每个人在日常生活中也会经常遇到，例如看见了熟悉的朋友，有时名字就在嘴边却无论如何也说不出来，让自己很尴尬；再例如在和别人讨论问题时，一个专有名词似乎在嘴边呼之欲出，可就是记不起来。

话到嘴边，为什么不能清晰地表述出来？出现"舌尖"现象的原因是什么？

从心理学上来讲，"舌尖"现象的本质是一个人在回忆信息的过程中出现了暂时性的遗忘。如果想非常清晰地理解"舌尖"现象出现的原因，就必须了解记忆这一心理过程。记忆活动包括四个环节：编码、储存、检索和解码。当我们接触到信息时，大脑会将信息进行编码，并以三种形式进行储存，这三种形式分别是形象信息、声音信息、意义信息（就是通常意义上的形、声、义）。孩子们在考试中答题就相当于在大脑中进行信息检索，例如检索"牛顿第一定律"。当检索到需要的信息后，就要对大脑原来处理过的信息进行解码，再现原来的形、声、义的信息。在这个过程中，任何一个环节出现问题，信息的提取就会受到干扰而中断，使其形、声、义无法连接在一起，所以看到一个具体物体或人的形象时，人们觉得非常熟悉，也知道是什么意思，但是无法说出名称，这就是"舌尖"现象。

什么因素会导致"舌尖"现象出现？

第一，学科知识还不够扎实。

由于在学习中对部分题型训练的次数还不够，或者对某些知识点的记忆并不扎实，还没有将其形、声、义建立足够牢固的联系，一旦在一个陌生的环境中进行考试，原来的不太牢固的联系就会受到干扰，出现"舌尖"现象。

第二，情绪状态的影响。

回忆是一个信息解码与提取的过程，学习者情绪过于紧张，信息提取的效果就会受影响。有些家长在孩子比较小的时候会采用专制式的目标管理法，例如，"这次考试不考到 90 分以上你就别回来见我了"，在这种压力作用下，孩子在考试过程中情绪会过度紧张，容易出现"舌尖"现象。因此，为了避免这种现象的发生，考前给孩子一个平和的心理环境非常重要。

第三，过度疲劳的影响。

在考试中之所以容易出现"舌尖"现象，是因为孩子们在考试前都会突击复习，比平时更加努力，学习时间更长，因此也比平时更疲劳些。如果过度疲劳，大脑提取信息的——速度会减慢，质量会受影响。

第四，知识过于零散。

如果在学习的过程中，方法比较单一，知识过于零散，尽管已经非常努力地进行记忆，但在考试时比较紧张的状态下，由于知识过于凌乱，信息提取所依据的线索不多，容易出现"舌尖"现象。

那么，如何应对"舌尖"现象呢？

第一，知识凌乱时容易出现"舌尖"现象，因此建议孩子考前复习时注重知识的框架结构，引导孩子通过形成知识网络建立起有效的知识体系，这样在考试中即使出现"舌尖"现象，也可以依据严谨的结构和相关的知识点进行有效的回忆。

第二，对一些知识点与能力点进行扎实的学习与足够的训练，可以使形象信息、声音信息及意义信息的联系更加紧密。每一次复习、对每一题型的深入剖析都是在巩固信息形、声、义的结合。

第三，家长在考前不要为孩子制定分数目标，尤其不要制定不切实际的分数目标，以免加深考前的焦虑情绪，人为地造成

"舌尖"现象的发生。如果孩子为自己制定了不切实际的目标，家长可以引导孩子将目标确定为"会的题都答上，没有遗憾就是胜利"的目标。

第四，家长在每次考试后不要对孩子进行打击。客观评价与打击自信是两个不同的概念，有些家长会借用"别人家的孩子"来隐性打击孩子的自信心，希望以此激发孩子的动力，殊不知这样的考后处理方式为下次考试出现"舌尖"现象埋下了隐患。

"舌尖"现象的本质是暂时性的记忆受阻，因此最简便也最有效的方法是停止回忆，不需要做其他任何特殊处理。经过一段时间后，再进行回忆，一切问题就迎刃而解了。

如果孩子曾经在考试中出现"舌尖"现象，**可以指导孩子临场这样做**。

第一，转移注意力，缓解记忆受阻。当考试中出现"舌尖"现象被卡住时，这种记忆暂时受阻是由思维僵化引起的，孩子越执着于此，越会加深思维僵化。因此，最好的办法是考前告诉孩子，如果有些题做不下去，可以先放下手头这道题。

第二，有些家长会问这种交流如何实现，我认为家长可以和**孩子分享自己曾经在考试中的经验**，告诉孩子当自己在考试中遇到"卡住"现象时，会提醒自己："没有关系，过一会儿就会想起来了。"然后，可以平静地去做下一道题。这样的成功经验对孩子来讲就是一个定心丸。

因为知识之间是有联系的，所以做其他题时，有些信息可能会给出一些新的线索或提示，使孩子一下子解决记忆受阻问题。很多孩子会在解答后面的题时突然想出前一题的解法。家长要做的就是指导孩子在考试中不要和卡住的题死磕，更不要慌，因为只要转移注意力，很快就会缓解这个状态。

　　当然，也有可能孩子到最后也无法完成这道题，因此为了不让这道题影响到整个考试，你也可以和孩子分享："有一次，我已经把后面所有的题目都答完了，但还是没想出那道题的解法，我就放弃了，用做这道题的时间去检查其他题的答案，保证做完的题不丢分，成绩依然很理想。"和孩子分享的既可以是家长自己的成功经验，也可以是他人的成功经验。

　　第三，适当舍弃，敢于放松。"舌尖"现象的发生与情绪紧张有相当大的联系，所以，除了在考试前不要给孩子压力，还要引导孩子在考试的过程中进行放松，通过呼吸法使紧张的情绪得到缓解。在必要的时候，孩子可以以适当放弃来让自己放松，尽力在最短时间内答好自己能答对的题。

　　对于"舌尖"现象，我想最重要的是家长要有正确认知，家长了解这种心理现象的发生过程，才不会在孩子首次遇到"舌尖"现象时过度反应，从而给孩子带来心理阴影。如果家长能够正确对待与引导，孩子一般不会被"舌尖"现象困扰。

07 | 如何更合理地调整
中高考前作息时间

Case

　　有一位家长在中考的第一天晚上打电话给我进行咨询，他说他和大多数家长一样，考试的前一天晚上不让孩子再学习了，催促孩子早早上床休息，希望他能够以饱满的精神状态进入考场。家长的出发点肯定是很好的，结果却出乎他的意料，孩子躺在床上辗转反侧，反倒睡不着了。

　　家长问：孩子在考前是否需要调整作息时间呢？

　　在回答这个问题之前，我们需要科学地了解一下人的大脑运作及生物钟规律，相信各位家长有了科学知识，自然而然就会找到满意的答案。

　　重大考试之前，所有的家长和孩子都希望以最好的状态迎接考试。从科学用脑的角度来讲，考前应该注意什么呢？

　　首先，节约大脑的能量，防止考前出现脑疲劳。

　　前面讲的心理饱和现象、"舌尖"现象等都与脑疲劳密切相关。

孩子在考前避免脑疲劳，才能够以较好的状态参加考试。避免脑疲劳的方法，就是不要将能量消耗在无意义的事情上。

人体最耗能的器官就是大脑。尽管大脑的重量仅占人体体重的 2%，即使在孩子不学习、身体基本处于静止的状态下，大脑消耗的能量也会占到身体消耗能量的 20% ~ 25%，也就是说大脑是能量"暴食者"。大脑要维持自己的存活，每分钟需要 0.1 卡路里的热量，走路时身体每分钟大约需要 4 卡路里的热量；猜字谜游戏时，大脑每分钟则需要 1.5 卡路里的热量，做难题时消耗的能量会更高。孩子学习的内容越复杂，学习的时间越长，就会消耗越多的能量。当消耗超过一定的量时，孩子就会进入脑疲劳。

额外无用的消耗都会给孩子造成较大的负担，因此考试之前应劳逸结合，尽量避免熬夜，保证充足的睡眠以便让大脑得到休息。由于大脑所消耗的能量基本都是"葡萄糖"，因此可以多摄入对大脑健康的食物，如黑豆、核桃、牛奶，也可以适当补充让孩子开心的蛋糕等甜食。不支持蛮干，也不支持让孩子在疲劳状态下坚持学习。

其次，不要轻易打破大脑形成的动力定型。

我们在生活中会有很多习惯，在心理学中我们称之为动力定型。也就是说，只要一个条件刺激出现，就会引起一个条件反射。如果一个人天天早上 6 点起床，形成了习惯，即使是周六周日他也会在 6 点自然醒来，这就是动力定型对人的影响。因为人们形成了各种习惯，通常不用耗费多少能量就可以做一些事情，如早晨起床、洗脸、刷牙等。这样，我们就可以把更多的精力用在接受和学习新知识上，所以具有良好的学习习惯是非常重要的。我最不赞成的行为就是临时打破成熟的动力定型。有些家长在中高考前一天才临时让孩子早睡，这相当于打破已有的动力定型，是一件很耗能量的事情。巴普洛夫认为，对动力定型的破坏会引起负性情绪反应。例如，睡惯午觉的人偶尔不睡那天就会觉得不舒服、不愉快。

加拿大渥太华大学的心理学与神经科学教授克劳德·梅西耶认为，当大脑进行复杂的任务时会大量耗能，这种复杂的任务有两种，一种是大脑无法轻易地利用之前储备的知识来完成的任务，例如中高考备考后期经常做一些新题、难题，就会消耗更多的能量；另一种是条件不断变化的任务，考前忽然改变作息时间就是一种变化的任务，会消耗能量。因此如果调整作息时间，需要给孩子的大脑一个适应的过程，建议提前 10 天左右进行调整，保证在考前作息时间已经是一个动力定型。

建议每天早上 6 点起床，每天中午坚持午睡半小时，以强化大脑皮层的兴奋和抑制过程；晚上 10 点到 11 点之间睡觉，这样就可以保证充沛的精力。

最后，考前不要长时间进行新题和难题的训练。

根据大脑的工作原理，孩子做一类习题的过程是这样的：刚刚接触到新题型时，大脑会相应地激活一些脑区，增加能量消耗；但是当孩子对一类题型或一个技能比较熟练的时候，大脑将不再像初学时那样辛苦，被激活的脑区已经适应这种任务，消耗的能量也会大幅度减少。

因此在考前，不要再让孩子长时间研究新题型，这样既耗能又费时，不能保证有很好的效果。可以让孩子复习学过的知识，巩固加深记忆。

这时，我们就可以分析一下，哪些孩子需要调整作息时间。

第一类，平时"夜猫子型"和"大公鸡型"，即有些孩子非常喜欢熬夜或非常喜欢早起。这两类孩子需要根据考试时间进行调整，形成新的生物钟规律和习惯，要将作息时间调整为普遍的作息时间。如果你的作息时间不合理，让你经常感到疲劳，建议此时也进行一下微调。

第二类，作息时间不太规律的孩子，这一阶段要形成稳定的生物钟规律。作息时间不规律，每一次睡觉与起床都是一件耗能的事情，而这种消耗没有任何意义。通过动力定型让睡觉、起床成为一件简单的事情，既不耗能，又不会引发孩子的焦虑。

因此，考前是否需要调整作息时间，一定要因人而异，以上两类孩子需要调整一下，其他孩子不用特别刻意地调整，可以提前 7 天到 10 天进行简单的微调，主要是心态要平和，如常地迎接中高考，这就是最理想的状态。

08 | 家长的接纳是
孩子走向成功的助力

Case

　　很多老师和家长讲了这样一个事实：孩子以前学习一直很好，进入临近中高考的阶段，成绩却大不如从前，模拟大考发挥也不太稳定。也有家长告诉我，孩子在重大考试之前优势学科的成绩却出现了下滑，看到原来不如自己孩子的同学都已经考到前面去，几位家长内心非常焦急，甚至睡不着吃不下饭。他们都知道这样做会将情绪传染给孩子，尽量在控制与调整，但是依然难以摆脱焦虑的影响，自己控制不住地想象孩子失败后的情景……

　　我知道，还有一些家长在考前比孩子还焦虑，因为他们对孩子的状态不满意，却帮不上忙，只能在旁边默默着急，有的家长甚至都不愿意面对自己的孩子。也就是说，现实中有这样一种状况：家长知道应该进行考前情绪调节，但这却对他们没有任何意义。为什么？这是因为家长不能接纳孩子的现状，对即将到来的重大考试没有信心。

从理性的角度，我们在考前要权衡利弊，怎么做对孩子有利就应该怎么做。如果这一点考虑清晰了，我建议所有的家长，无论此时孩子是成绩优秀的，还是成绩一直不如意的，请接纳此时不完美的孩子。你的接纳是孩子心态平和地走进考场的关键。

为什么要接纳？

不接纳会加大孩子的焦虑程度。每一次考试只是一次检测，我们必须接纳孩子成绩的不稳定，偶尔一个学科的成绩波动是正常的事情，和我们有时候吃饭吃得特别好，有时候吃得不香是一样的。按照规律，如果孩子在优势学科没有严重问题的话，下一次的成绩就会提高上去，原因是孩子重视了，会自行查找原因。只需要进行微调，孩子的成绩就会回到正常水平。

为什么有些孩子成绩一次下降，次次下降呢？本质的原因就是家长的不接纳给孩子带来过度的焦虑反应。家长吃不好睡不好，甚至会偷偷地哭，自己认为伪装得很好，但敏感的孩子怎么会感觉不到呢？家长的焦虑情绪毫无遗漏地感染给了孩子。

不接纳孩子还会打击孩子的自信心。孩子成绩发生波动时，他的内心也是没底的，他的信心往往会通过成年人的反应表现发生变化。家长是孩子的主心骨，是孩子最在意的人，孩子在分析自己现状时大多参考家长的行为表现，如果家长慌了，孩子看到家长的反应，就认为家长对自己失去了信心，于是孩子也慌了，从此一蹶不振。家长的接纳是孩子考前树立信心的最重要支撑。

家长应该如何接纳孩子呢？

我认为，对考前的孩子要做到彻底的、无条件的接纳。

首先，要无条件地接纳孩子的情绪和感受。

无论孩子是开心与放松，还是焦虑与失望，家长都要接纳。至于如何表达你的接纳，你可以说："你的心情妈妈（爸爸）非常理解，你紧张，妈妈（爸爸）年轻时参加中高考更紧张，还不如你呢，但是我也走过来了。"考前，孩子的情绪很大程度上由家长决定，让孩子感受到家长对他的重视和尊重，而不是对考试的重视。这是接纳的目标。

在考前处理情绪问题时，一定要关心人，不要关心事，如果做到了这一点，亲子之间一切都好解决。在中高考前，你要让孩子知道，你在乎的是他这个人，只要孩子自己没有遗憾，就是你们全家最完美的目标实现。如果你做到了这一点，孩子就会心态平和、轻松地参加考试，甚至会给你惊喜，因为你的接纳让他内心充满力量。

接纳，需要家长们真心做到。如果做不到，可以尝试问自己："我的担心有意义吗？""我的焦虑能解决问题吗？""我的担心如果带来的都是负性结果，我还有什么放不下的呢？"

考前，家长对孩子的接纳就是对孩子最好的助力。接纳孩子的情绪和感受，才能让孩子的情绪稳定下来。你认为一个内心惶恐不安的考生会取得优异的成绩吗？

其次，要接纳孩子考前出现的与平时不同的行为，甚至是不适当的行为。

考前，孩子的安全感、价值感和自信心非常容易波动。孩子的内心是否安定取决于周围的环境与心理支持，而最大的支持力量源于家长。面对重大事件，孩子出现一些与平时不一样的行为是很正常的，有的孩子会有破罐子破摔的心理，家长对此也要接纳。有些家长说，我接纳不了。接纳不了，是因为家长心中还有一个对孩子来讲遥不可及的目标，内心的目标降不下来，自然接纳不了。此时家长们可以放弃幻想，面对现实。

考前，家长应根据孩子的情况适当调整内心对于孩子的期望值，只有期望值降低，家长才能做到真正接纳孩子。家长的理解和接纳就是孩子的定心丸，孩子会通过家长的行为进行判断。接纳孩子的家长给孩子的是温暖与安全，不接纳孩子的家长给孩子带来的是不安与失望。

对孩子的接纳是孩子成功的开端，是让孩子全身心投入备考的关键条件。各位家长请将孩子的中高考目标调整为"让孩子将现有的能力发挥到最好，没有遗憾就是成功"。

家长的接纳能够让孩子体会到自己是有价值的、是重要的，父母关注的是他而非他的考试成绩，这是任何其他心理调节技术都无法替代的。考前，孩子会在父母无条件的接纳中，自信、平和地走向考场。

有人说，最完美的家庭教育就是接纳孩子的不完美。我想说，用乐观的心态无条件接纳孩子的一切，包括不完美，是最好的心理支持，也是孩子走向更大成功的助力，是他们更顺利成人、成才的基石。

后记｜只有家长改变，
孩子才会改变

　　本书所有话题都源于孩子、家长和老师们，是孩子们给了我心灵上的触动，是老师们提出的建议给了我话题的灵感，还有家长们的留言让我找到了不同阶段孩子的核心话题。当然，还有家长们主动来到学校与我深入地交流，让我看到家长对于科学的家庭教育观念与方法的需求。

　　我相信，总有一个话题能打动你，让你重新认识家庭教育；总有一种方法适用于你，让你重新理解孩子心理。

　　"驭心"代表了我的观点，这个"驭"，并非"驭他人"，而是"驭自己"；此"心"为"家长心"而非"孩子心"。也就是说，家长需要先调整好自我，才能去培育孩子。只要家长转变了，孩子自然就会有变化。

为什么我强调"家庭教育，要将家长的观念与行动置于核心位置进行研究"？因为家庭教育是孩子成长过程中最重要的一环。

首先，我们一生都在接受家庭教育，问题孩子的背后都会有问题家长。

《2022年国民抑郁症蓝皮书》中基于大量的数据指出："被忽视的青少年抑郁症：生病的孩子，往往有一个生病的家。"心理学中的家庭系统治疗作为心理学的一个分支，秉承的思想就是"治疗孩子须先治家长"。

我的一个学生告诉我，他想让家长关注我的微信公众号，结果家长对他说："刘老师是你的老师，当然写文章都会偏向你。"我的公众号选择家庭教育作为主题，不是因为我是老师，所以想"教育"家长，而是因为家庭、学校和社会等诸多因素中，对孩子成长最重要的因素就是家庭。

不可否认，家庭教育是所有教育类型中持续时间最长的，我们几乎一生都受到家庭的影响。

孩子出现问题时，大多不是孩子个体出现问题，而是家庭内的亲子关系出了问题。想要让孩子向好的方向发展，就需要调整家庭内的关系，而不是单纯强迫孩子去改变。有些孩子得了抑郁症、焦虑症、双相情感障碍，家长认为将孩子送到医院治疗就是尽了全部的责任，这种观点是错误的。我们都知道家长是一个家庭的主导者，所以只有家长改变了，孩子的成长环境才会改变，孩子成长环境的改变才能带来孩子的进步。

其次，孩子是家长的镜子，映射着家长的教育观念。

我们都知道，家长是孩子的第一任老师，家庭教育是孩子生命中最早接受的教育。在心理学中，孩子越小，对外界信息越敏感，受外界因素影响越大，而家庭环境对小孩子来讲几乎就是全部。越小的孩子受到家庭的影响越大。孩子的语言与行为是模仿家长的，处理问题的方式是从家长那里学习到的，孩子的性格是在潜移默化的家庭教育中形成的。

孩子开心是因为家庭内充满笑声与温暖，孩子自卑是因为家长不断地对孩子进行否定与责备。随着孩子年龄的增长，家庭对孩子的影响作用逐渐减弱。但是无论何时，孩子身上都有家庭教育的影子。孩子就像家长的镜子一样，既可以映照出家长的心态，又可以反映出家长的教育观念与行为。孩子谨小慎微、自卑退缩是因为家长控制欲太强；孩子压抑自我、不敢表达是因为有一个情绪化的家长；孩子任意妄为是因为家长在教育孩子的过程中过于自我，过于放纵孩子；孩子早恋、迷恋虚无的网络世界是因为在家中无法与固执的父母沟通，缺少爱的温暖，他们才从其他渠道去获取……

最后，家庭教育的方式渗透性最强，润物细无声，孩子无力拒绝。

家庭教育大多是感性的教育，是榜样的示范，是在生活中不知不觉发生的。当孩子发现自己的性格弱点与家庭环境密切相关时，他们大多已成年，这时他们的想法有两个：一是他们不想让已经步入中老年的父母内疚自责，二是他们无力改变既成的事实。

一次偶遇我的学生，她已经工作了，当年困扰她的问题依然存在，但是她已经接受并释怀，那个问题对她已经没有什么影响，释怀的过程却是痛苦的。她告诉我，她工作之后不愿意回家，因为对她来讲，家既是港湾，又是痛苦的源头。

家庭教育大多发生在生活中，家长每一分每一秒都坚持一种教育模式，孩子怎能不受其影响？家庭教育不是通过说教（家长说教的话语大多被孩子因为抗拒忽略掉了），而是通过生活中发生的一件件小事在不知不觉中发生作用的，会对孩子的一生产生影响。家庭教育是生活教育，所以孩子只要生活，就会受到影响，他们无力拒绝。

如果家长认识到自己的言行、自己的情绪与情感、自己的价值观与世界观对孩子的影响，理性地、主动地去观察一下自己的孩子，家长就会发现他们身上的每一个部分都有自己的影子，他们行为的每一个细节都有自己教育的影子，所以他们出了问题时，一定有家长的原因。

如果按照众多家长的观点，谁出问题谁改变，孩子出了问题应该由孩子去改变，那么，假设孩子按照家长的意愿改变了，但是他们生活的家庭环境没有改变，这种改变也只能是片刻的、暂时的。因此只有家长改变，孩子才能改变，每位家长需要先驭己心，再去育人！

References | 参考文献

[1] 赵立莹，侯夏梦. 基于"最近发展区"的研究生教育立德树人效果提升路径探析 [J]. 西安建筑科技大学学报（社会科学版），2023，42（03）：42-49.

[2] 程坤. 心理学的野马效应 [J]. 开卷有益 – 求医问药，2022（05）：39.

[3] 郭力平，曾蓓，朱丹瑶. 朝向"应许之地"：最近发展区理论的温故与知新 [J]. 北京教育学院学报，2023，37（04）：26-35.

[4] 王俊人. 重视人体节律，合理安排作息 [J]. 现代职业安全，2005（02）：63.

[5] 孙欣冉. 儿童习得性无助现象研究综述及干预 [J]. 潍坊工程职业学院学报，2019，32（06）：35-40.

[6] 吴丽霞，张徐春. 学困生"习得性无助"现象的案例研究 [J]. 中小学校长，2015（04）：58-60.

[7] 边玉芳，董奇. 火柴盒是烛台？——杜克的功能固着实验 [J]. 中小学心理健康教育，2012（05）：33+35.

[8] 曾捷英，周新林. 试论影响问题解决的因素 [J]. 湖北大学学报（哲学社会科学版），1992（03）：72−76+71.

[9] 吴九君. 洛萨达比例在班级管理中的应用 [J]. 教师博览（科研版），2013（11）：12.

[10] 王燕，赵宏娜，贾月梅. 洛萨达线在课堂管理中的应用 [J]. 教育与考试，2015（06）：81−84.

[11] 杨琴. 基于学习风格的高中英语写作教学构建研究 [D]. 宁夏大学，2022.

[12] 刘瑞梅. "成长点卡"奖励机制的实践研究 [J]. 教育实践与研究（C），2023（06）：15−17.

[13] 孔成萍. 谈代币制在学生行为管理上的运用 [J]. 安徽教育科研，2023（09）：87−89.

[14] 陈绪嫔. 具身德育视角下的中小学代币制管理探析 [J]. 中小学班主任，2022（05）：45−47.

[15] 吴杰，郭本禹. 阿德勒心理治疗的回顾及展望 [J]. 医学与哲学，2022，43（19）：29−34.

[16] 杨佳斌，牛鑫茹. 阿德勒追求优越与内隐自卑补偿心理实证探究 [J]. 国际公关，2023（05）：64−66.

[17] 党庆，沈鑫. 父亲参与家园共育的理论基础与行动方略 [J]. 甘肃教育，2018（24）：40−41.

[18] BRUK A, SCHOLL S G, BLESS H. Beautiful mess effect: Self−other differences in evaluation of showing vulnerability[J]. Journal of

personality and social psychology，2018，115（2）：192-205.

[19] 李寿欣. 普通心理学 [M]. 济南：山东人民出版社，2013.

[20] 廖全明. 普通心理学 [M]. 成都：西南交通大学出版社，2017.

[21] 林崇德. 发展心理学 [M]. 北京：人民教育出版社，2009.

[22] 刘玉新. 中学主体性心理健康教育理论与实践 [M]. 北京：世界图书出版公司，2020.

[23] 麦格尼格尔. 自控力：斯坦福大学广受欢迎的心理学课程 [M]. 王岑卉，译. 北京：北京联合出版公司，2021.

[24] 麦格尼格尔. 自控力：斯坦福大学掌控自我的心理学课程 [M]. 江兰，张旭，刘婉婷，译. 北京：北京联合出版公司，2021.

[25] 盖笑松，等. 积极心理学 [M]. 上海：上海教育出版社，2020.

[26] 库格施特塔. 那一定是心理问题：科学识别身体和心理发出的求救信号 [M]. 江剑琴，译. 北京：北京联合出版公司，2022.

[27] 刘轩. 幸福的最小行动 [M]. 北京：中信出版集团，2018.

[28] 曾奇峰. 曾奇峰的心理课 [M]. 北京：中国友谊出版公司，2020.

[29] 库埃. 心理暗示力 [M]. 方舟，译. 北京：中国华侨出版社，2013.

[30] 平克. 驱动力 [M]. 龚怡屏，译. 杭州：浙江人民出版社，2018.

[31] 威利斯，霍德森. 发现孩子的学习风格 [M]. 盛强，译. 北京：新华出版社，2003.

[32] 王立峰，南爱强. 心理学基础知识 [M]. 昆明：云南大学出版社，2011.

[33] 燕国材. 学习心理学——IN 结合论取向的研究 [M]. 北京：警官教育出版社，1998.